VENTE

Des Lundi 6 et Mardi 7 Mars 1876

HOTEL DROUOT, SALLE N° 8

CATALOGUE

DE

TABLEAUX

ET DESSINS

FORMANT LA COLLECTION

DE FEU

M. CAMILLE MARCILLE

Me CHARLES PILLET, COMMISSAIRE-PRISEUR

10, rue de la Grange-Batelière

EXPERTS

POUR LES TABLEAUX

M. FÉRAL, Peintre

54, faubourg Montmartre

POUR LES OBJETS D'ART

M. Ch. MANNHEIM

7, rue Saint-Georges

PARIS, 1876

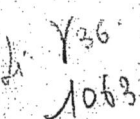

CONDITIONS DE LA VENTE

Elle sera faite au comptant.

Les adjudicataires payeront *cinq pour cent* en sus des enchères, applicables aux frais.

L'Exposition mettant les amateurs à même de constater l'état des tableaux et autres objets, il ne sera admis aucune réclamation après l'adjudication.

La deuxième vente aura lieu, salle n° 3, les mercredi 8 et jeudi 9 mars.

CONDITIONS DE LA VENTE

Elle sera faite au comptant.

Les adjudicataires payeront *cinq pour cent* en sus des enchères, applicables aux frais.

L'Exposition mettant les amateurs à même de constater l'état des tableaux et autres objets, il ne sera admis aucune réclamation après l'adjudication.

La deuxième vente aura lieu, salle n° 3, les mercredi 8 et jeudi 9 mars.

COLLECTION

DE FEU

M. Camille MARCILLE

CATALOGUE

DE

TABLEAUX

ET DESSINS

FORMANT LA COLLECTION

DE FEU

M. CAMILLE MARCILLE

PREMIÈRE VENTE

HOTEL DROUOT, SALLE N° 8

Les Lundi 6 et Mardi 7 Mars 1876, à 2 heures

EXPOSITIONS

PARTICULIÈRE	PUBLIQUE
Le Samedi 4 Mars 1876	Le Dimanche 5 Mars 1876

DE 1 HEURE A 5 HEURES

DEUXIÈME VENTE

TABLEAUX, DESSINS, MEUBLES

ET OBJETS D'ART

HOTEL DROUOT, SALLE N° 3

Les Mercredi 8 et Jeudi 9 Mars 1876, à 2 heures

EXPOSITION PUBLIQUE

LE MARDI 7 MARS 1876, DE 1 HEURE A 5 HEURES

M° CHARLES PILLET, COMMISSAIRE-PRISEUR

10, rue de la Grange-Batelière

EXPERTS

POUR LES TABLEAUX	POUR LES OBJETS D'ART
M. FÉRAL, Peintre	M. Ch. MANNHEIM
54, faubourg Montmartre	7, rue Saint-Georges

Chez lesquels se trouve le présent Catalogue

Le nom inscrit sur ce catalogue pourrait dispenser de toute recommandation et de toute notice; il n'en est pas de plus estimé dans le monde des artistes et des amateurs. Le cabinet de M. Camille Marcille provient de la galerie de son père, et l'on sait quelle renommée avait acquise cette collection, rassemblée pendant quarante ans par un amateur passionné, d'un tact rare, d'une initiative clairvoyante, qui avait mis dans ses tableaux toute sa vie et son âme entière. On peut dire que M. Marcille fut, avec MM. Lacaze, Walferdin et Carrier, le restaurateur de l'école française du xviiie siècle, dans le goût et dans la faveur du public. Par sa propagande et par son exemple, il fut un des premiers à réhabiliter cet art spirituel et souple, brillant et facile, national et original entre tous, qu'une réaction inepte avait relégué dans l'oubli. Ces maîtres charmants qui reflètent les grâces et les élégances de leur temps, pour qui l'argent fait aujourd'hui de si belles folies, dont on se dispute les moindres esquisses, étaient alors insolemment méprisés. Anathématisés par les académies et les professeurs de style officiel, dédaignés par la mode, dépréciés par les enchères, ils étaient tombés littéralement au coin de la borne, à l'étalage des échoppes, et c'est là souvent que M. Marcille les trouvait. Les guinées anglaises faisaient encore surnager Greuze et Watteau, mais Lancret et Pater, Boucher et Chardin, Fragonard et Prud'hon lui-même étaient tombés à des estimations dérisoires. C'était presque un ridicule de les rechercher, presque une folie de les acquérir. Cela passait pour une débauche de curiosité dépravée. Des fruits peints par Chardin ne se vendaient guère plus cher qu'au marché; M. Lacaze payait un louis un des plus exquis Fragonard de sa collection.

M. Marcille avait la seconde vue des vrais amateurs; il fit son trésor de ces rebuts du faux goût et du pédantisme, il ramassa par centaines ces perles de la peinture française jetées sur le pavé. Sa maison s'ouvrit comme un lieu d'asile à tous ces charmants proscrits de l'art ennuyeux. Non content de les recueillir, il les fit connaître et comprendre par son admiration persuasive et par l'accueil empressé qu'il offrait à tous les curieux. Entrait chez lui qui voulait : sa collection était aussi hospitalière que les galeries des princes de Rome et de Gênes. Elle eut sur le retour de vogue des peintres du xviiie siècle une influence décisive. On y apprit à apprécier cet art sottement dédaigné; le goût se forma et les préjugés s'éclaircirent. Chardin et Fragonard furent par degrés remis à leur rang. La gloire de Prud'hon s'est levée dans le cabinet de M. Marcille.

Quelque temps avant sa mort, M. Marcille tria soigneusement l'élite de ses tableaux, et les partagea entre ses deux fils si dignes d'un tel héritage. Élevés dans le culte de l'art français, ils continuèrent la tradition paternelle. Les offres les plus brillantes ne purent les décider à distraire un seul morceau du patrimoine de chefs-d'œuvre qu'ils avaient reçu. S'il fut séparé en deux parties, ce cabinet de choix resta du moins entier et intact. Les deux frères mirent une sorte de religion filiale à le conserver et à en faire, comme leur père, un musée privé, entre-bâillé à la curiosité, largement ouvert à l'étude. On sait avec quelle parfaite bonne grâce M. Eudoxe Marcille ouvre son admirable collection aux artistes et aux visiteurs ; on sait quel dévouement cordial et serviable il apporte à toutes les œuvres dont l'art est l'objet. Récemment encore, c'est grâce à une exposition rassemblée et organisée par lui que la fille de Prud'hon a été tirée de la misère où languissait sa vieillesse. Retiré de bonne heure à la campagne, dans sa charmante habitation d'Oisème, au sein du plus pur bonheur domestique, M. Camille Marcille ne faisait pas de ses loisirs un moins noble usage. Elève de Steuben et d'Achille Devéria, il cultivait avec goût l'art qu'il savait si bien apprécier ; il a exposé à plusieurs Salons. Ses voyages pittoresques en Italie, en Belgique, à Londres, en Allemagne, ses études constantes au Musée du Louvre, pour lequel il quittait souvent sa retraite, avaient fait de lui un connaisseur raffiné : peu d'experts égalaient la sûreté de son discernement et de son coup d'œil. Il s'était dévoué au Musée de Chartres, dont il était le conservateur, comme son frère à celui d'Orléans ; il s'appliquait à le mettre en ordre et à l'enrichir. Ses tableaux étaient au service des expositions locales : tous les visiteurs attirés par leur renommée étaient les bienvenus au château d'Oisème.

Nous avons eu l'honneur de connaître cet homme distingué, bienveillant et affable à tous, cachant sous une modestie excessive l'esprit le plus fin et le plus ouvert. Avec sa courtoisie

parfaite, ses studieux loisirs, son goût tout français, son désin-
téressement de toute ambition et de toute passion étrangère à
l'art, il donnait l'idée d'un amateur du xviii° siècle survivant
dans le monde moderne. Une mort subite est venue l'enlever,
il y a six mois, comme M. Lacaze, dans son atelier, au milieu
de ses chers tableaux, sans lui laisser même le temps, comme à
Mazarin mourant, d'exprimer ce regret qui doit être celui de
tous les vrais amateurs, à leur dernière heure : « Il faut donc
quitter tout cela ! »

Cette collection doublement précieuse par le choix des morceaux qui la composent et le nom qu'elle porte, et qu'aucune
fortune ne pourrait refaire aujourd'hui, sera mise en vente
les 6, 7, 8 et 9 mars. Les amateurs de l'école française ne retrou-
veront pas de longtemps pareille bonne fortune. C'est le dessus du panier de l'art fleuri du xviii° siècle qu'elle offre à
leur goût et à leurs désirs. — Il faudrait un livre pour l'étudier,
nous n'avons qu'une page ; contentons-nous de la dénombrer
rapidement.

Watteau est représenté par un de ces brillants morceaux
d'étude, dans le goût de Paul Véronèse, où il butinait la fleur
de la peinture vénitienne, pour en composer sa manière ;
Lancret, par le *Dîner en plein air*, de sa plus fine touche et de sa
plus galante élégance. — Entre les cinq Boucher, mon choix
irait au *Réveil*, un nid d'Amours d'une fraîcheur éclatante. Le
trésor de Chardin est dans les deux collections de MM. Marcille ;
celle de M. Camille en montrera des merveilles : — le *Garçon
cabaretier* et l'*Écureuse* d'une peinture si grasse, si corsée,
sculptés pour ainsi dire, en pleine pâte, comme dans une argile
lumineuse, et dont les chaudes blancheurs faisaient dire à

Decamps devant ces deux toiles : « Les blancs de Chardin... je
ne peux pas les trouver ! » — Elle a encore ce petit morceau
exquis du *Dessinateur*, où sont rassemblées, comme dans un
bouquet, les fleurs de ses tons et de ses glacis, et le délicieux
tableau qui lui fait pendant : l'*Amusement utile*. — Les cinq
natures mortes sont incomparables ; il y a là des pêches
aux rougeurs moelleuses, des melons solidement brodés, des
poires et des prunes qui sollicitent la morsure, des verres de
vin d'une pourpre limpide, des quartiers de viande où l'em-
pâtement se fait chair, des poissons dont on sent la fraîcheur
gluante ; et, au milieu de ces trophées culinaires, des faïences,
des porcelaines de Chine, des marmites de cuivre d'une réalité
prodigieuse. L'illusion du rendu ne saurait aller au delà.

Sur quatre Fragonard, deux joyaux : la *Fuite à dessein*,
une idylle enlevée au vol de son pinceau le plus leste et le plus
perlé ; une nymphe rose qui fuit sur un bleu pâle, mêlé de vert
tendre et de gris cendré, et le *Groupe d'enfants* noyé et comme
pétri dans la lumière de Rubens. — L'*Autel de l'Amour*, par
Greuze ; on voit d'ici le tableau, sa sensualité ingénue et son
ardeur voluptueuse. De Greuze, encore une ravissante *Tête de
jeune fille*, et un *Portrait de femme* de son plus beau faire,
aussi tendre de ton que de sentiment.

Prud'hon est chez lui dans les collections de MM. Marcille.
Avec cent et trente dessins, celle de M. Camille possède de lui
six tableaux, parmi lesquels un chef-d'œuvre : L'*Innocence préfère l'Amour à la Richesse*, une de ces allégories métaphysiques,
à la mode du temps, que leur titre ferait croire si froides et si
mortes, mais que l'adorable maître réchauffait comme d'un
souffle de printemps sacré.

Il faudrait citer encore dans l'école française, pour être complet, Clouet, Rigaud, Largillière, Lesueur, Desportes, Hubert Robert, Géricault, Marilhat, etc., tous représentés par des morceaux excellents et de premier choix.

La prédilection de M. Marcille pour la peinture française n'était nullement exclusive. Son cabinet ne se confinait pas étroitement dans une seule école. Rien de ce qui était beau ou précieux ne lui était étranger. C'est ainsi que nous trouvons chez M. Camille une sublime *Pieta* du Sodoma, ce maître rare entre tous, qu'on ne peut guère admirer qu'à Sienne, et dont le style mâle et tendre, pathétique et fier, mêle la noblesse de Raphaël à la suavité du Vinci.

Si M. Eudoxe Marcille possède la merveilleuse esquisse du *Mars et Vénus* de Rubens, M. Camille avait celle de l'*Enlèvement d'Hippodamie,* peinture d'une verve enflammée, d'un désordre presque lyrique, éblouissante de feu, de mouvement et de confusion.

Nous ne pouvons que mentionner au passage de ravissants *Anges,* de Fiesole, un *Christ en croix* qu'on peut croire de Mantegna; un portrait de cardinal et un cavalier de Velasquez, une *Sainte Lucie* de Zurbaran, élégante et fière comme une infante de la cour céleste, et une marine de Van Goyen, de sa plus large manière.

Les dessins abondent, presque tous de l'école française, la plupart d'une qualité supérieure, quelques-uns d'une importance capitale.

Boucher a là une *Aurore* et *Deux Amours,* touchés d'un crayon qui vaut son pinceau; Greuze des *Têtes de jeunes filles,* préludes délicieux de ses têtes peintes. — Quatre portraits de

La Tour, ce puissant artiste dans un art fragile, qui manie la poussière d'ailes de papillon du pastel d'un pouce de sculpteur modelant la glaise. Fragonard, trempant sa plume dans une goutte de bistre, n'a jamais troussé un billet doux plus spirituel et plus gai, plus brillant et plus sémillant que cette saynète de château qui a pour titre : *Qu'en dit l'abbé?* il n'a jamais ébauché d'enfants plus frais et plus naïfs, plus drôlement ingénus et nus que dans la ravissante comédie domestique : *Dites donc, s'il vous plaît!* — Quant à Prud'hon, en rassemblant ses dessins des deux frères Marcille, ou aurait la fleur de son œuvre. M. Camille en possédait cent trente pour sa part, entre lesquels la radieuse esquisse de l'*Enlèvement de Psyché par les Amours,* et cette merveille de jeunesse et d'allégresse, cette pure et riante idylle de l'*Automne,* qui, dans sa forme de bas-relief, semble détachée d'un temple ionien.

Le marteau des enchères va bientôt disperser ce beau cabinet, mais son souvenir survivra à sa dispersion. A chacun des tableaux, sur chacun des dessins qui en font partie, le nom de Marcille imprimera ce fin signe de goût, cette marque d'originalité et de qualité qui ajoute à la valeur du morceau la distinction de la provenance.

PAUL DE SAINT-VICTOR.

DÉSIGNATION

PREMIÈRE VENTE

———

TABLEAUX

TABLEAUX

ALIGNY (Claude-Félix-Théodore-Caruelle d')

Né en 1789, mort à Lyon en 1871.

1. — Vue d'un couvent à Amalfi.

T. — H., 0m,48. L., 0m,46.

ALLEGRI (Antoine, *dit* Le Corrége)

Né à Correggio en 1494, mort dans la même ville le 5 mars 1534.

(École lombarde.)

2. — La Madeleine.

Provenant de la vente de M. le comte de Sommariva, en février 1839.

B. — H., 0m,36. L., 0m,32.

1

BAZZI (Giovanni Antonio, *dit* Il Sodoma)

Né à Vercelli vers 1474, mort à Sienne le 14 février 1549.

3. — Notre-Seigneur Jésus-Christ déposé de la Croix.

> Il est sur les genoux de la sainte Vierge, entouré des saintes femmes, de saint Jean, et de Joseph d'Arimathie.
>
> Au bas, on lit :
>
> EX PIETATE RFR DE SYL.
> SODOMA EQUES FACIEBAT
> SEN. M. D. XXXIII
>
> T. — H., 1m,10. L., 0m,85.

4. — Léda.

> Elle est nue, en pied et debout.
>
> A gauche, le cygne.
>
> A droite, deux coquilles d'œufs, où étaient renfermés Pollux et Hélène, et Castor et Clytemnestre.
>
> Fond de paysage.
>
> Provenant de la collection de M. le comte de Sommariva, et avant, de la collection de San Vitalli, à Parme.
>
> Dans le catalogue du comte de Sommariva, ce tableau était attribué à Léonard de Vinci.
>
> B. — H., 0m,54. L., 0m,38.

BOUCHER (François)

Peintre et graveur, né à Paris le 29 septembre 1703, mort dans la même ville, le 30 mai 1770.

5. — Le Réveil.

> Dans un œil-de-bœuf ovale surmonté d'une guirlande de feuilles de chêne, quatre amours : l'un d'eux vole tenant deux

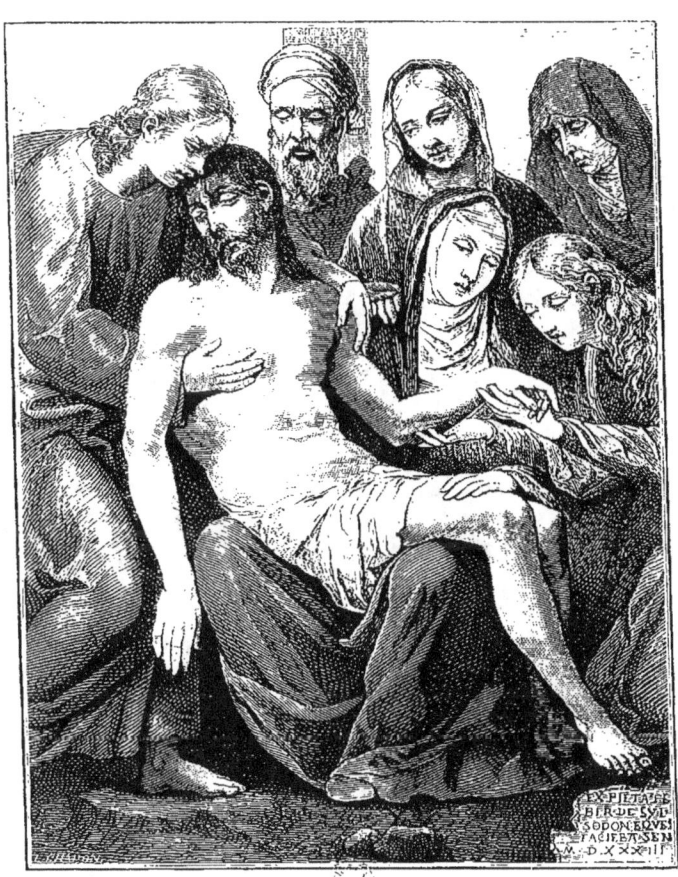

LA DÉPOSITION DU CHRIST

GRAVURE DE CHAPON

D'après le tableau de Sodoma

torches enflammées; un autre amour caresse son voisin; le
quatrième tend les bras pour tâcher de prendre une colombe
qui s'est envolée.

T. — H., 0^m,82. L., 1^m,30.

6. — Psyché.

Sous un portique, Psyché nue assise, entourée des femmes
qui veillent à sa toilette, a devant elle des amours qui lui pré-
sentent un miroir.

Esquisse en camaïeu.

T. — H., 0^m,44. L., 0^m,54.

7. — Le Concert.

Dans un palais orné de colonnes, des musiciens jouent de
divers instruments; derrière, des femmes occupées à chercher
des objets de toilette.

Camaïeu, T. H., 0^m,44. L., 0^m,54.

8. — Diane et Vénus.

Au-dessus des deux déesses, des amours : l'un d'eux tient
un flambeau.

A droite, un chien.

Camaïeu, T. — H., 0^m,88. L., 0^m,68.

9. — Jupiter, Vénus et Neptune.

Camaïeu peint sur papier.

Ovale. — H., 0^m,23. L., 0^m,32

BOURDON (Sébastien)

Peintre et graveur, né à Montpellier le 2 février 1616, mort à Paris
le 8 mai 1671.

10. — Saint Pierre délivré par un ange.

A droite et à gauche, deux soldats endormis.

B. — H., 0^m,30. L., 0^m,28.

CHARDIN (Jean-Baptiste-Siméon)

Né à Paris le 2 novembre 1699, mort dans la même ville le 6 décembre 1779.

11. — Le Garçon cabaretier.

Signé et daté : Chardin, 1738.
Provenant des anciennes collections de Marigny et
d'Autroche.

T. — H., 0^m,46. L., 0^m,38.

12. — L'Écureuse.

Signé et daté : Chardin, 1738.
Provenant des anciennes collections de Marigny et
d'Autroche.

T. — H., 0^m,46. L., 0^m,38.

13. — Le Dessinateur.

Signé : Chardin.
Provenant de la vente de M. Saint, miniaturiste, 5 mai 1846.

B. — H., 0^m,18. L., 0^m,16.

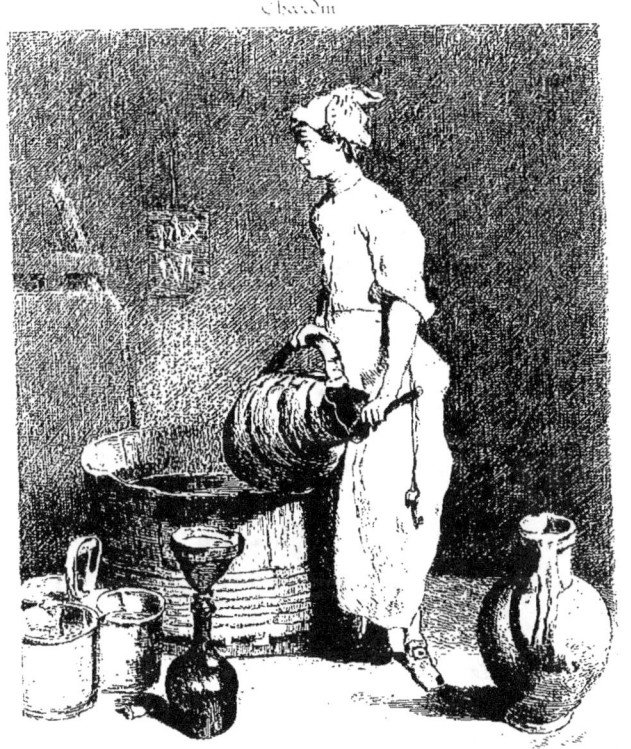

Chardin

La Garçon Cabaretier

CHARDIN (JEAN-BAPTISTE-SIMÉON)

14. — L'Amusement utile.

Signé : Chardin.
Même provenance.

B. — H., 0^m,18. L., 0^m,16.

15. — Portrait de femme.

Vue de trois quarts, elle regarde à droite. Elle est coiffée d'un bonnet. Assise, elle tient de la main droite un éventail. Robe de chambre rose, mitaines noires que couvrent des manchettes blanches. A droite, un sac vert avec des rubans roses.

T. — H., 1^m,17. L., 0^m,90.

16. — Nature morte.

Bouteilles, poires, melon entamé, pêches, prunes, pot à eau avec sa cuvette en porcelaine de Chine.
Signé et daté : Chardin, 1760.

Ovale, T. — H., 0^m,57. L., 0^m,54.

17. — Nature morte.

Trois verres, dont un presque plein de vin rouge, un bocal d'abricots à l'eau-de-vie; des biscuits, un citron, un macaron, un couteau, deux tasses en porcelaine de Chine, l'une d'elles avec sa soucoupe; un boîte de dragées appuyée contre un pain de sucre enveloppé dans du papier bleu.
Signé et daté : Chardin, 1760.

Ovale, T. — H., 0^m,57. L., 0^m,54.

CHARDIN (Jean-Baptiste-Siméon)

18. — Nature morte.

Dans un vase blanc et bleu en porcelaine de Chine, des œillets blancs, des tubéreuses et des pois de senteur; près du vase, à droite, un œillet rouge.

T. — H., 0ᵐ,45. L., 0ᵐ,37.

19. — Nature morte.

Un quartier de viande sur une nappe; un pot en faïence; une marmite en cuivre, une écumoire, deux oignons et un égrugeoir.

Signé et daté : J.-S. Chardin, 1732.

T. — H., 0ᵐ,41. L., 0ᵐ,32.

20. — Nature morte.

Un pot en faïence, une marmite en cuivre, un poulet, un fromage, un égrugeoir; au-dessus, une raie suspendue; derrière, un panier.

Signé : Chardin.

T. — H., 0ᵐ,42. L., 0ᵐ,33.

CLOUET (Janet)

Né à Tours vers 1500, mort vers 1572.

21. — Portrait de Jaqueline, comtesse de Montbel et d'Entremonts.

La comtesse de Montbel fut la seconde femme de l'amiral Gaspard de Coligny, qui l'épousa à la Rochelle, le 25 mars 1571.

B. — H., 0ᵐ,24. L., 0ᵐ,20.

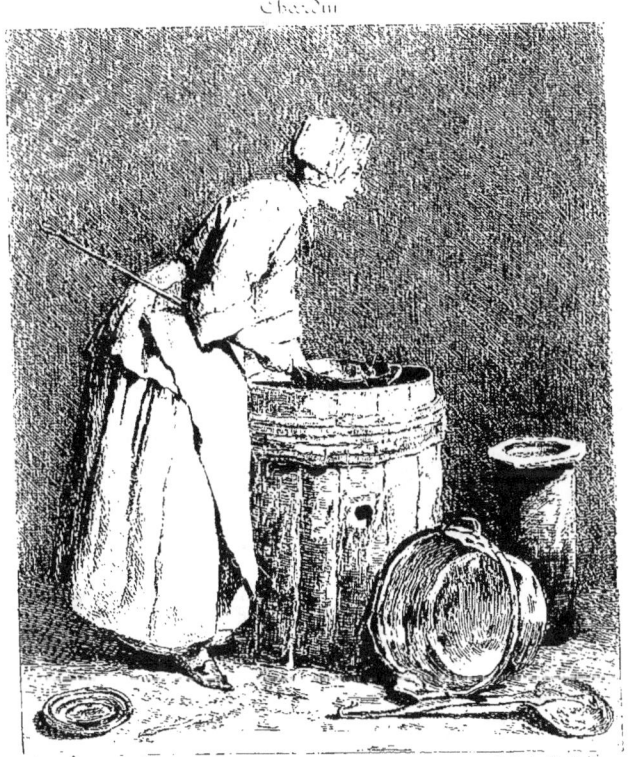

Chardin

L'Écureuse

DESPORTES (François)

Né le 24 février 4664 au village de Champigneul (en Champagne),
mort à Paris le 45 avril 4743.

22. — Un Dinde.

Il est suspendu par les pattes et se détache sur une
planche qui imite le sapin.

T. — H., 0ᵐ,95. L., 0ᵐ,65.

23. — Fleurs dans un vase de cuivre.

A droite, un singe; au dessus, une console blanche, sur
laquelle est une jatte remplie de pêches; à droite, une pêche
ouverte.

T. — H., 4ᵐ,40. L., 0ᵐ,94.

DYCK (Anton van)

Né à Anvers le 22 mars 4599, mort à Londres le 46 décembre 4644.

24. — Portrait de jeune homme.

Il est vu de trois quarts, regardant à gauche. Col blanc,
manteau noir.

Vente Saint, 5 mai 4846.

B. — H., 0ᵐ,34. L., 0ᵐ,25.

FERDINAND fils (Louis-Elle)

Né à Paris en 4648, mort à Rennes le 5 septembre 4747.

**25. — Portrait de M. le duc de Montausier, époux de Julie
d'Angennes de Rambouillet.**

Il porte une large perruque. Vu de trois quarts, il regarde

à gauche. Ruban noir noué sous le menton; dentelles blanches; cordon de l'ordre du Saint-Esprit; cuirasse. Gravé par N. Tardieu.

Ovale, T. — H., 0m,74. L., 0m,64.

FIESOLE (Fra Giovanni da)

Né dans la province de Mugillo, en Toscane, l'an 1387, mort à Rome, en 1455.

26. — Quatre Anges.

Ils sont en pied, debout, nimbés et ailés; ils ont les mains jointes ou croisées. Trois d'entre eux portent des tuniques noires qui suivent la forme du corps; un autre ange a une tunique rouge et des ailes noires; un des anges qui a une tunique noire a des ailes rouges. Les ailes et les tuniques sont couvertes d'ornements dorés.

Ces figures sont peintes sur un fond doré.

B. — H., 0m,28. L., 0m,19.

FRAGONARD (Jean-Honoré)

Né à Grasse en 1732, mort à Paris le 22 août 1806.

27. — La Fuite à dessein.

Et fugit ad salices, et se cupit ante videri.

Ce tableau a été gravé par C. Macret, J. Couché et Gauville.

T. — H., 0m,59. L., 0m,50.

28. — Groupe d'enfants.

Ils sont nus : l'un d'eux, la tête couronnée de feuilles, tient de ses deux mains une guirlande de fleurs qui entoure

H. Fragonard.

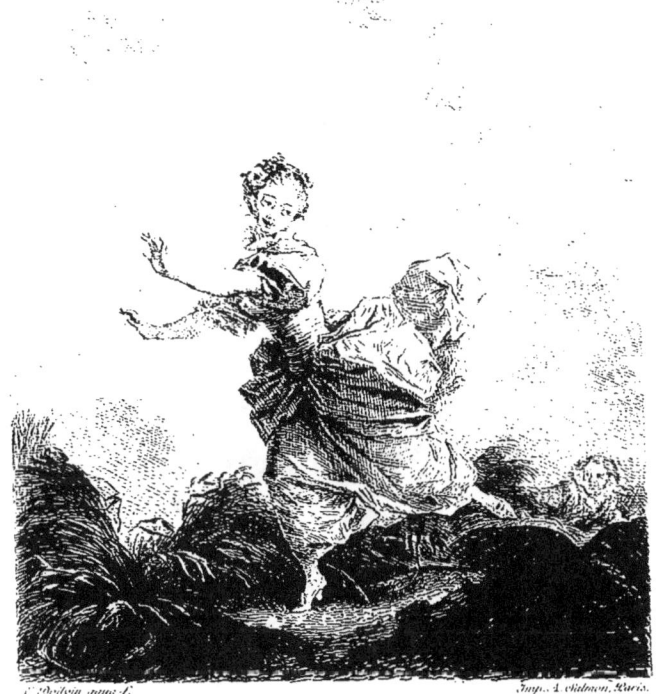

La fuite à dessein.

la tête d'un autre enfant vu de dos et ailé. Des nuages cachent le corps du troisième enfant, dont on ne voit que la tête et le bras.

Fond de ciel.

T. — H., 0ᵐ,81. L., 0ᵐ,72.

9. — Les Premières Caresses du jour.

Une mère en pied, debout, vêtue d'une robe de satin blanc, montre à son enfant, qu'elle tient à moitié nu dans ses bras, des colombes qui sont dans une cage.

A gauche, un berceau.

Gravé par H. Gérard.

T. — H., 0ᵐ,60. L., 0ᵐ,45.

0. — La Bouquetière.

Une jeune femme coiffée d'un chapeau rouge, et vêtue d'un corsage rouge et d'une robe rouge, porte des fleurs dans son tablier.

T. — H., 0ᵐ,30. L., 0ᵐ,21.

GERICAULT (Jean-Louis)

Né à Rouen le 26 mai 1791, mort à Paris le 24 janvier 1824.

31. — Course de *barberi*. — Le Départ.

Papier marouflé sur toile.

Au premier plan, un cheval rouge pommelé et un cheval blanc sont retenus par deux hommes à pied. A droite, sous le péristyle d'un temple, un grand nombre de spectateurs.

Lithographié par M. Le Roux.

Le musée du Louvre et M. Eudoxe Marcille possèdent des dessins de cette composition.

H., 0ᵐ,45. L., 0ᵐ,60.

GÉRICAULT (Jean-Louis)

32. — Course de *barberi*. — L'Arrivée.

Papier maroufié sur toile.

Les chevaux se détachent sur une muraille : deux sont empanachés ; à gauche, quelques spectateurs ; plus loin, des monuments et un fond de ciel.

H., 0ᵐ,45. L., 0ᵐ,60.

GÉRICAULT *d'après* VAN DYCK

33. — L'Enfant Jésus assis sur les genoux de la Vierge.

A droite, le donateur et la donatrice agenouillés.

T. — H., 0ᵐ,35. L., 0ᵐ,27.

GÉRICAULT *d'après* REYNOLDS (Joshua)

34. — Portrait du duc d'Orléans (Louis-Philippe-Joseph.)

En uniforme de colonel général des hussards, le duc d'Orléans, debout et en pied, est décoré de l'ordre du Saint-Esprit.

A gauche un nègre vêtu de rouge tient un cheval.

T. — H., 0ᵐ,55. L., 0ᵐ,42.

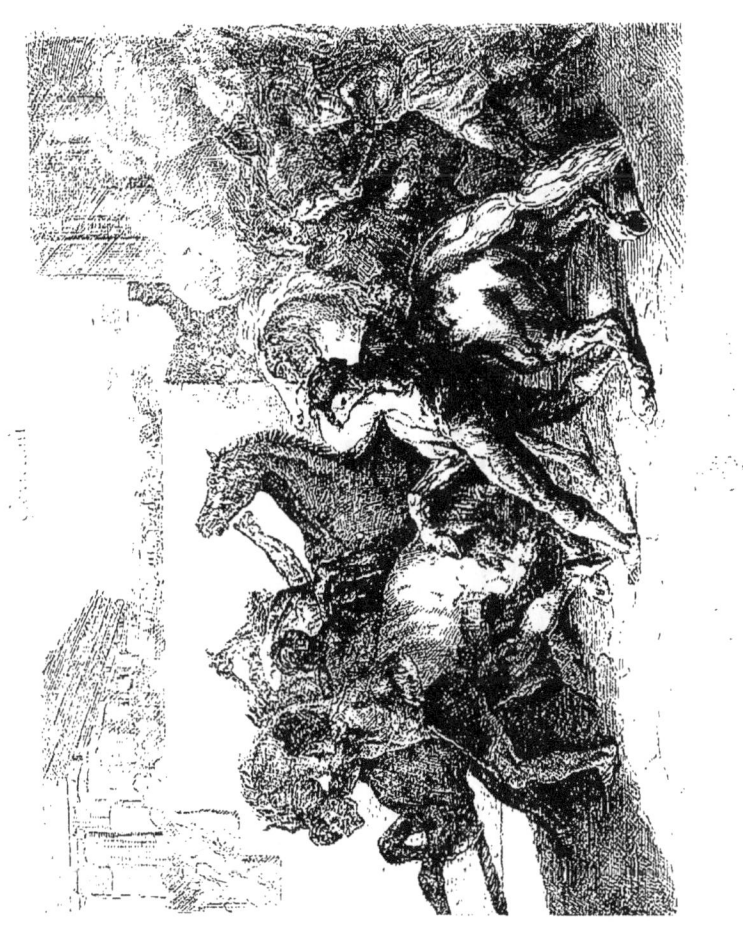

GOYEN (Van)

Né à Leyde en 1596.

35. — Marine.

Au premier plan, à gauche, des hommes dans un bateau; plus loin des bateaux à voiles.

Signé et daté sur le bateau : V. Goyen, 1649.

T. — H., 0ᵐ,53. L., 0ᵐ,80.

GREUZE (Jean-Baptiste)

Né à Tournus le 21 août 1725, mort à Paris le 21 mars 1805.

36. — L'Autel de l'Amour.

Près d'un autel sur lequel le feu est allumé, une jeune fille debout, nue jusqu'aux genoux, le sein gauche découvert, est vêtue d'une tunique bleue. A droite l'Amour, nu, ailé, tire d'une main la jeune fille et de l'autre tient une couronne.

T. — H., 1ᵐ,33. L., 0ᵐ,90.

37. — Tête de jeune fille.

Elle est vue de trois quarts, regardant à gauche; coiffée d'un bonnet noué au sommet de la tête, elle est vêtue d'une robe d'un ton jaunâtre sur laquelle se détache un fichu blanc et un mantelet noir.

T. — H., 0ᵐ,44. L., 0ᵐ,35.

38. — Portrait de femme.

Assise, vue en buste, elle est coiffée d'un bonnet blanc à gros plis, qui entoure une étoffe noire nouée sous le menton.

Cette dame est vêtue d'un mantelet noir et d'une robe bleue. Autour du bras gauche, des dentelles blanches et un ruban de soie noire attaché avec une boucle. La main droite est dans un manchon.

T. — H., 0^m,80. L., 0^m,64.

39. — Portrait de Jean-Baptiste Fleury, maître en chirurgie de l'ancienne faculté de Paris, deuxième chirurgien du comte d'Artois, depuis Charles X.

Vu de trois quarts, regardant à droite, il est coiffé d'une perruque poudrée. Cravate blanche et jabot de dentelles ; habit noir à brandebourgs près duquel se détache une corne du chapeau.

Ovale. T. — H., 0^m,60. L., 0^m,49.

GREUZE (*attribué à*)

40. — La Jeune Fille au chien.

T. — H., 0^m,46. L., 0^m,37.

LANCRET (NICOLAS)

Né à Paris le 22 janvier 1690, mort dans la même ville le 14 septembre 1743.

41. — Le Dîner en plein air.

Plusieurs convives sont à table ; l'un d'eux offre à sa voisine un verre de vin.

T. — H., 0^m,44. L., 0^m,57.

42. — Frontispice pour un second livre de pièces de Clavecin.

Une femme assise, la tête couronnée de fleurs, tenant, d'une main, une lyre, relève de l'autre un rideau de théâtre ; ce rideau levé, on voit danser un berger et une bergère au milieu d'un parc. A droite, un génie ailé tient l'écusson des armes de France. Dessous, le cartouche dans lequel sera contenue l'inscription. Grisaille.

Ce sujet a été gravé par C.-N. Cochin.

On lit sur la gravure :

Second livre de pièces de clavecin composées par M. Dandrieu organiste de la chapèle (*sic*) du Roi dedié à son altesse sèrènissime monseigneur le prince de Conti.

N. Lancret pinx. C. N. Cochin sculp.

A Paris, chés (*sic*) le sieur Boivin, rue Saint-Honoré, à la Règle d'Or et chez le sieur Le Clerc, rue du Roule, à la Croix d'Or. Prix : 12 fr.

T. — H., 0^m,33. L., 0^m,24.

LARGILLIÈRE (Nicolas)

Né à Paris en 1656, mort dans la même ville le 20 mars 1746.

43. — Portrait de Mlle Duclos.

Debout, vue jusqu'aux genoux, elle tient, de la main gauche, une houlette; la main droite est posée sur la tête d'un chien.

Robe grise lamée d'argent, doublée de soie blanche; écharpe rouge, œillet dans des cheveux poudrés, grenade au sein.

Fond de paysage.

T. — H., 0^m,62. L., 0^m,50.

LESUEUR (Eustache)

Né à Paris le 19 novembre 1617, mort dans la même ville le 30 avril 1655.

44. — L'Ange Raphaël.

Un ange ailé, vêtu d'une tunique blanche qu'entoure une large écharpe bleue, vole au milieu d'une guirlande de fleurs.

L'ange et les fleurs se détachent sur un fond doré.

Ce panneau provient de l'hôtel Lambert pour la décoration duquel il avait été fait.

B. — H., 0^m,84. L., 0^m,53.

45. — L'Ascension.

Les anges viennent de lever la pierre du sépulcre. Un soldat surpris tient son bouclier. N.-S. Jésus-Christ, entouré de draperies blanches, monte au ciel.

T. — H., 0^m,86. L., 0^m,67.

MANTEGNA (ANDREA)

Né à Padoue en 1431, mort le 13 septembre 1506.

46. — Le Christ en croix.

A droite, un cavalier; à gauche, un autre cavalier; saint Jean et la sainte Vierge les bras croisés.

T. — H., 0^m,34. L., 0^m,34.

MARILHAT (PROSPER)

Né en 1811, mort en 1847.

47. — Les Ruines de Balbek (Syrie).

Une caravane se repose devant ces ruines.

Signé à gauche : P. Marilhat.

Ce tableau, qui a été exposé au Salon de 1840, a été lithographié par M. Jules Laurens.

T. — H., 0^m,40. L., 0^m,59.

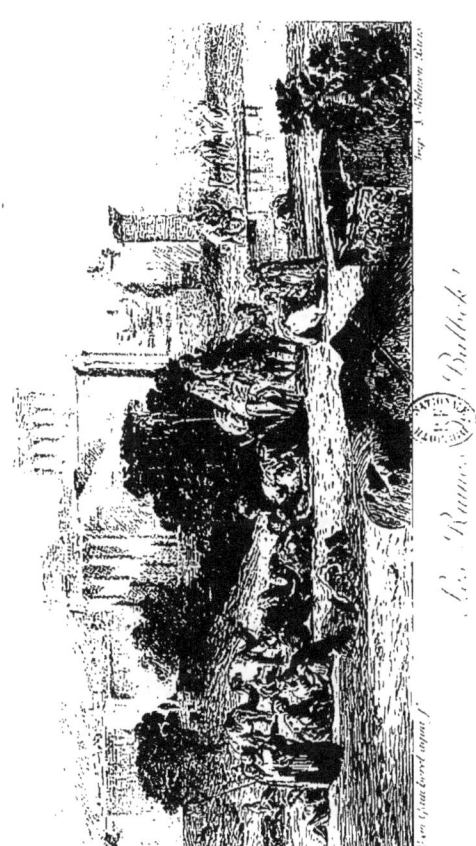

Mansfield

MARILHAT (Prosper)

48. — Paysage ; vue de Villeneuve-lès-Avignon.

> Provenant de la vente faite après le décès de Marilhat par Mme Andrieu, sa sœur.
>
> T. — H., 0^m,53. L., 0^m,73.

49. — Paysage ; vue prise de Villeneuve-lès-Avignon.

> Acheté à la vente faite, après le décès de Marilhat, par les soins de Mme Andrieu, sa sœur.
>
> T. — H., 0^m,40. L., 0^m,58.

50. — Paysage ; vue de Rosette.

> Provenant de la vente faite par Mme Andrieu, sœur de Marilhat, après la mort de son frère.
>
> B. — H., 0^m,41. L., 0^m,66.

PRUD'HON (Pierre)

Né à Cluny (Saône-et-Loire) le 4 avril 1758, mort à Paris le 16 février 1823.

51. — L'Innocence préfère l'amour à la richesse.

> Gravé par B. Roger.
>
> T. — H., 0^m,34. L., 0^m,27.

52. — Joseph et la Femme de Putiphar.

> Les personnages sont en pied.
>
> T. — H., 0^m,09. L., 0^m,07.

PRUD'HON (Pierre)

53. — Le Génie et l'Étude.

> Esquisse du plafond du Louvre. Salle des Antiques.
> Provenant de la collection Odiot.
>
> T. — Diamètre, 0m,12.

54. — Le Roi de Rome enfant.

> En 1815, les fleurs de lys ont été substituées à la couronne impériale.
> Provenant de la collection de M. Planche, 1er juin 1840.
>
> T. — H., 0m,11. L., 0m,14.

55. — Portrait de Mme la duchesse de Polignac, née Yolande-Martine-Gabrielle de Polastron, gouvernante des enfants de France.

> Mme la duchesse de Polignac, coiffée d'une toque en étoffe blanche, ornée d'un large nœud blanc et d'une plume blanche, est vêtue d'une robe de soie à raies bleues et blanches, couverte en partie par une écharpe blanche lamée d'or. Une des mains est appuyée sur un berceau en bronze, l'autre relève le rideau de ce berceau.
>
> T. — H., 0m,92. L., 0m,73.

56. — Portrait de Mme de Bornier.

> Elle est vue de trois quarts, regardant à gauche; coiffée d'un chapeau de fourrures, sous lequel passe un bonnet plissé;

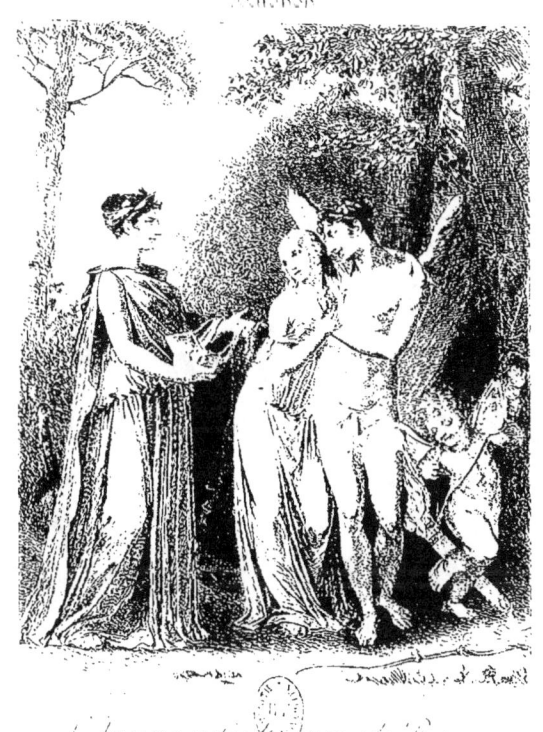

Boucher

L'homme propose le Amour et la Femme

elle est vêtue d'une robe verte; un fichu blanc couvre la poitrine.

Mme Bornier était la femme de M. Bornier, architecte, ami de Prud'hon. Le portrait de M. Bornier est au Musée de Dijon.

T. — H., 0^m,40. L., 0^m,32.

RIGAUD (HYACINTHE)

Né à Perpignan le 20 juillet 1659, mort à Paris le 27 décembre 1743

57. — Portrait de La Fontaine.

Coiffé d'une large perruque, il est vu de trois quarts regardant à droite. Les bouts d'une cravate blanche, nouée sous le menton, retombent sur la poitrine; habit brun.

Ovale, T. — H., 0^m,68. L., 0^m,57.

58. — Portrait de La Quintinie et de sa femme.

De La Quintinie, en pied, assis, la main droite appuyée sur une canne, tient la main gauche de sa femme, qui, de l'autre main, cueille une fleur d'oranger.

De La Quintinie créa les jardins potagers de Versailles.

T. — H., 0^m,45. L., 0^m,37.

ROBERT (HUBERT)

Né à Paris en 1733, mort dans la même ville le 15 avril 1808.

59. — Paysage.

A droite et à gauche, des rochers; au premier plan, un cours d'eau, dans lequel pêche un homme. A gauche, un chien.

Ovale, T. — H., 0^m,95. L., 0^m,72.

2

RUBENS (Pierre-Paul)

Né à Siegen, dans le duché de Nassau, le 29 juin 1577, mort à Anvers le 30 mai 1640.

60. — L'Enlèvement d'Hippodamie.

Papier maroufé sur bois.
La gravure de Baillin est de la dimension de cette esquisse.

T. — H., 0m,54. L., 0m,36.

SIMON DE BOLOGNE

Florissait vers 1370.

61. — La Vierge et le Christ.

Ils se détachent sur une étoffe rouge lamée d'or que tiennent deux anges. Entre ces anges, trois anges rouges; au-dessus, six anges bleus; au-dessus encore, six anges sur un fond doré.
Triptyque. De chaque côté du panneau principal, sur deux volets, ont été peints quatre saints; au-dessus de l'un deux, un ange à genoux; au-dessus de l'autre, la Vierge aussi à genoux (l'Annonciation).
Signé : Symon de Bononià, pinxit.

B. — H., 0m,86. L., 0m,70.

SPINELLI D'AREZZO

Il florissait vers 1486.

62. — L'Annonciation.

L'Adoration des Mages.

B. — H., 0m,29. L., 0m,48.

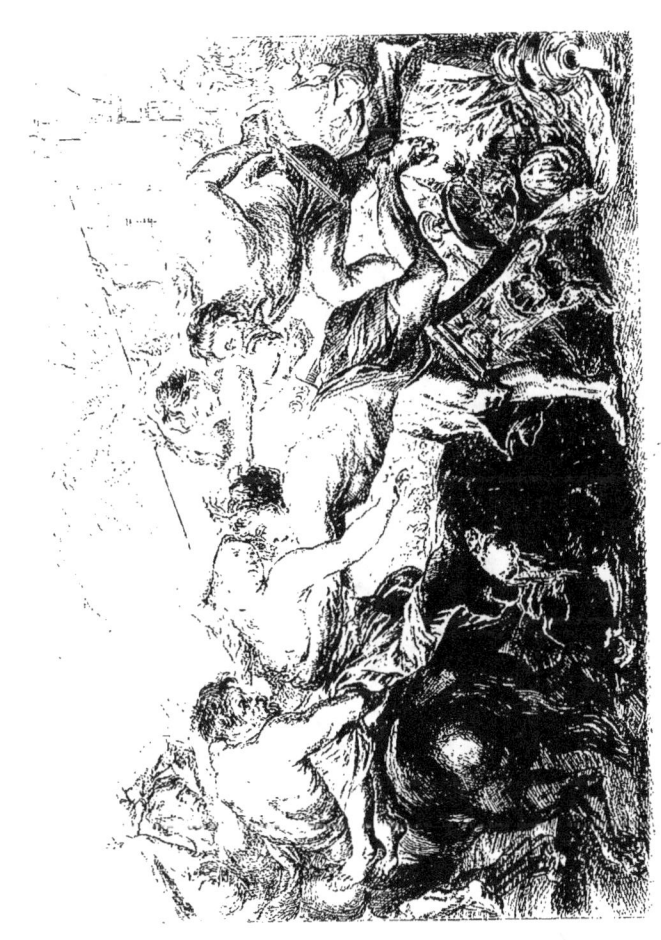

STEUBEN (Charles-Guillaume-Auguste-Henri-
François-Louis, baron de)

Né à Bauerbach, près de Manheim, le 19 avril 1788, mort à Paris,
le 12 novembre 1856.

63. — Pendant une révolte des Strélitz, Pierre le Grand est
mis par sa mères ous la protection de la Vierge.

Esquisse du tableau qui a été exposé en 1827.

T. — H., 0^m,46. L., 0^m,55.

VELAZQUEZ (Don Diego Rodriguez de Silva y)

Né le 6 juin 1599 à Séville, mort à Madrid, le 7 août 1660.

64. — Portrait de cardinal.

Il est de trois quarts, en buste; il regarde à gauche. Il
porte une moustache et une impériale, et un camail noir à
boutons rouges.
Ova.e dans un carré.

T. — H., 0^m,75. L., 0^m,60.

VELASQUEZ

65. — Guerrier à cheval.

Il porte une cuirasse, une cravate rouge et une ceinture
rouge; il est monté sur un cheval blanc qui se cabre.

T. — H., 0^m,38. L., 0^m,29.

WATTEAU (Antoine)

Né à Valenciennes en 1684, mort à Nogent, près Paris, le 18 juillet 1721.

66. — Femme debout qui est inclinée vers un enfant.

Cet enfant nu prend ce qui lui est présenté dans un tablier.

T. — H., 0m,47. L., 0m,38.

WYCK (Thomas)

67. — Portrait de l'artiste dans son atelier.

Signé : W.
Vente Saint, 5 mai 1846.

B. — H., 0m,31. L., 0m,27.

ZURBARAN (François)

Né en Estramadure, en 1598, mort en 1662.

68. — Sainte Lucie.

Sainte Lucie, en pied, debout, les paupières baissées, tient d'une main un plat dans lequel sont ses yeux, et de l'autre main une palme.

On lit au bas : S. LVCIA.

Ce tableau est le pendant d'un autre tableau du même maître qui est au Louvre.

T. — H., 1m,16. L., 0m,68.

ÉCOLE FLAMANDE

69. — Portrait de femme.

Vue de trois quarts, regardant à gauche ; elle porte une coiffe blanche, sur laquelle est posée une étoffe noire qui retombe sur l'épaule droite.

Une chemise plissée, attachée en bas du cou, est couverte en partie par une étoffe jaune à dessins blancs. Large ceinture. Un mantelet cache le bas des bras. Les mains sont croisées ; une bague est dans le pouce de l'une d'elles.

T. — H., 0^m,22. L., 0^m,14.

ÉCOLE FRANÇAISE

70. — Portrait de Jean-Baptiste Poquelin de Molière.

Coiffé d'une large perruque, il est vu de trois quarts et regarde à droite ; sous un manteau rouge doublé d'une étoffe brune, la chemise est attachée avec un bouton.

Dans le rapport fait sur l'exposition organisée pour le centenaire de Molière, ce portrait a été considéré comme le plus authentique de tous ceux qui avaient été confiés à M. Ballande.

T. — H., 0^m,46. L., 0^m,38.

ÉCOLE FRANÇAISE

71. — Une Jeune Femme assise, vue jusqu'aux genoux,

un ruban rose autour du cou ; la poitrine décou-
verte et vêtue d'une robe rose, pince de la guitare.

T. — H., 4^m. L., 0^m,84.

ECOLE SIENNOISE

72. — L'Adoration des bergers.

B. — H., 0^m,36. L., 0^m,47.

DESSINS

DESSINS

ALIGNY (Claude-Félix-Théodore Caruelle d')

Né en 1789, mort à Lyon en 1871.

73. — Château du gouverneur dans l'île de Capri.

> Au premier plan, une femme cueille un fruit. Une autre femme agenouillée avec son enfant.
>
> Signé : A. T.
>
> H., 0^m,53. L., 0^m,75.

BOUCHER (François)

Peintre et graveur, né à Paris, le 29 septembre 1703, mort dans la même ville, le 30 mai 1770.

74. — L'Aurore.

> L'Aurore sur les nuages, entourée d'amours et traînée par quatre chevaux, répand ses dons sur la terre dont les habitants sont encore endormis.
>
> Dessin octogone au crayon bistre rehaussé de blanc.
>
> H., 0^m,46. L., 0^m,40.

75. — Deux Amours.

> Ils sont sur des nuages, nus et ailés, l'un tient une torche allumée ; l'autre met un doigt sur sa lèvre ; il a près de lui une colombe.
>
> Pastel. — H., 0m,44. L., 0^m,36.

DECAMPS (Alexandre-Gabriel)

Né à Paris en 1803, mort à Fontainebleau en 1860, élève d'Abel de Pujol.

76. — Paysage.

A gauche, un cours d'eau, devant des montagnes : à droite, une femme porte un fardeau sur sa tête, et tient un enfant par la main.

Signé : ꝺ ꟼ.

Dessin à la mine de plomb sur papier blanc.

Ce dessin a été donné par Decamps à M. Mermilliod. On lit derrière ces mots écrits par Decamps : A l'honorable ami Mermilliod. Decamps.

H., 0^m,13. L., 0^m,24.

FRAGONARD (Jean-Honoré)

Né à Grasse (Var), mort à Paris, le 22 août 1806.

77. — Dites donc s'il vous plaît.

Une femme assise tient un grand pain rond et un couteau ; elle est entourée d'enfants.

Dessin à la sépia sur papier blanc.

Gravé par de Launay.

H., 0^m,17. L., 0^m,23.

78. — Qu'en dit l'abbé ?

Dessin à la sépia sur papier blanc.

H., 0^m,23. L., 0^m,36.

GÉRICAULT (Jean-Louis-Théodore)

Né à Rouen, le 26 mai 1791, mort à Paris, le 21 janvier 1824.

79. — Course de *barberi*.

Des hommes nus arrêtent des chevaux au galop.
Dessin à la plume sur papier jaune.

H., 0^m,14. L., 0^m,27.

80. — Course de *barberi*.

Des Romains arrêtent des chevaux au galop; à droite, un homme est renversé.
Dessin au crayon noir sur papier jaune.

H., 0^m,14. L., 0^m,30.

81. — Le Naufrage de *la Méduse*.

Études au crayon noir sur papier blanc.

H., 0^m,30. L., 0^m,43.

82. — Le Naufrage de *la Méduse*.

A gauche, un bateau porte des hommes : ils viennent au secours des naufragés qui tendent les mains.
Dessin à la plume sur papier blanc.
Première idée du Naufrage de *la Méduse*.

H., 0^m,24. L., 0^m,33.

83. — Marche de Silène.

Silène ivre, nu, à moitié couché sur un âne qui plie sous le faix, est précédé et suivi de satyres qui dansent et boivent ;

l'un d'eux joue de la flûte; il est agenouillé derrière Silène.

Fond de paysage.

Dessin sur papier jaune au crayon noir et à la sépia rehaussés de blanc.

H., 0^m,24. L., 0^m,28.

84. — Le Lion et le Cheval mort.

Un lion a ses deux pattes de devant étendues sur un cheval qu'il va dévorer.

Dessin à la pierre lithographique sur toile.

Essai fait par Géricault à Londres.

H., 0^m,27. L., 0^m,36.

GREUZE (Jean-Baptiste)

Né à Tournus, le 21 août 1725, mort à Paris, le 21 mars 1805.

85. — Tête de jeune fille.

Un peu inclinée, les yeux levés, vue de trois quarts, elle regarde à droite.

Un ruban entoure ses cheveux.

Dessin à la sanguine sur papier blanc.

Signé : J.-B. Greuze.

H., 0^m,32. L., 0^m,25.

86. — Tête d'homme.

Profil tourné à droite.

Ce dessin à la sanguine sur papier blanc a été fait comme étude pour le tableau représentant *la Malédiction paternelle*.

H., 0^m,44. L., 0^m,33.

87. — Tête de jeune fille.

Étude pour le tableau de la *Vertu chancelante*.

Elle est vue presque de face. Un ruban bleu attache des

cheveux blonds ornés à gauche de quelques fleurs blanches.
Un fichu de mousseline à raies blanches couvre une robe
bleue.

Gravé par J. Massard.

Pastel. — H., 0ᵐ,40. L., 0ᵐ,32.

HALLÉ

88. — Portrait de Guyot Desfontaines.

Vu de trois quarts, assis, regardant à gauche, il est frisé et
poudré. Jabot de dentelles sur un gilet brodé ; habit de soie à
couleurs changeantes. Guyot Desfontaines tient un tricorne.
Fauteuil et rideaux verts.

Miniature.

Diamètre., 0ᵐ,055.

INGRES

Né à Montauban en 1780, mort à Paris, le 14 janvier 1867.

89. — Portrait de Mᵍʳ de Pressigny, ambassadeur de France
à Rome, en 1816.

Debout, vu à mi corps et de trois quarts, regardant à
gauche, Mgr de Pressigny tient de sa main droite sa barrette
qui est posée sur une table, et de la main gauche des papiers.

Dessin à la mine de plomb sur papier blanc : la croix et le
fauteuil sont rehaussés de jaune.

Au bas on lit : I. Ingres, del. à Rome, 1846.

Ce dessin a été acheté à la vente de M. Artaud, secrétaire
de Mgr de Pressigny.

Gravé à l'eau forte par Ingres.

H., 0ᵐ,29. L., 0ᵐ,20.

INGRES

90. — Paul et Françoise de Rimini.

> Dessin sur papier blanc, à l'encre de Chine, avec quelques tons jaunes.
> Au bas, on lit sur la marge : Ingres inv. et del. à M. Artaud, secrétaire d'ambassade. Rome, 1846.
> Ce dessin a été acheté à la vente de M. Artaud.
> Lithographié par Gsel.
>
> H., 0^m,13. L., 0^m,10.

MARILHAT (Prosper)

Né en 1811, mort en 1847.

91. — Marche de Nubiens montés sur des chameaux.

> Dessin au crayon noir, sur papier jaune.
> Cadre en chêne.
> Ce dessin qui provient de la vente faite après le décès de Marilhat a été gravé à l'eau forte par Jules Boilly.
>
> L., 0^m,94. H., 0^m,56.

92. — L'Embuscade de Nubiens.

> Dessin sur papier fixé sur toile.
> Acheté à la vente faite, après le décès de Marilhat, par les soins de Mme Andrieu, sa sœur.
>
> L., 0^m,118. H., 0^m,80.

PAPETY (Dominique-Louis-Féréol)

Né en 1815, mort en 1849.

93. — Vue du Capitole, des colonnes qui l'avoisinent et de l'arc de Septime-Sévère.

Dessin au lavis, sur papier bleu.
Ce dessin provient de la vente faite après le décès de Papety.

L., 0m,44. H., 0m,28.

PÉRUGIN

94. — La Vierge tient l'Enfant Jésus sur ses genoux.

Dessin au bistre.

H., 0m,14. L., 0m,11.

PRUD'HON (Pierre)

Né à Cluny (Saône-et-Loire), le 4 avril 1758, mort à Paris, le 16 février 1823.

95. — L'Enlèvement de Psyché par des amours.

Dessin sur papier bleu, au crayon noir et à l'estompe rehaussés.
Ce dessin a été acheté à la vente de M. Odiot, en décembre 1850.
Le tableau représentant le même sujet appartient à Mme la comtesse de Sommariva.

L., 0m,59. H., 0m,48.

PRUD'HON (Pierre)

96. — L'Amour.

L'amour ailé, nu, assis et tenant un arc, a près de lui, à droite et à gauche, d'autres amours qui allument des torches à un flambeau et qui aiguisent leurs flèches.

Dessin sur papier bleu, à l'encre et au crayon noir rehaussé de blanc.

Lithographié par Jules Boilly.

L., 0^m,43. H., 0^m,34.

97. — La philosophie.

Une femme en pied, debout, entièrement drapée, tient, d'une main, une statue de Minerve, et de l'autre, un mors.

Au-dessus, un génie tient une torche allumée : au-dessous, un enfant nu, assis, est près d'une statue qui personnifie la nature.

Dessin au crayon noir et à l'estompe, rehaussé sur papier bleu verdâtre.

Composition pour l'hôtel Lanois, appartenant aujourd'hui à M. le baron Rothschild, 47, rue Laffitte. M. le duc d'Aumale a deux dessins qui font partie de cette suite.

H., 0^m,23. L., 0^m,5.

98. — Baigneuse.

A moitié couchée, sa jambe droite est repliée. La main gauche est appuyée sur une branche, et la droite tient le talon droit.

Dessin sur papier bleu, au crayon noir et à l'estompe, rehaussés de blanc.

H., 0^m,49. L., 0^m,12.

PRUD'HON (Pierre)

99. — Baigneuse.

A moitié couchée, elle se balance, se tenant à deux branches : le pied gauche passe sous la jambe droite.

Dessin sur papier bleu, au crayon noir et à l'estompe, rehaussés de blanc, pendant du précédent.

H., 0m,12. L. 0m,19.

100. — L'Automne.

Des femmes cueillent du raisin : l'une d'elles en apporte dans une corbeille à un vigneron : un âne a ses bâts chargés : devant lui, des enfants nus portent un cep : à droite, d'autres enfants, nus aussi, mangent du raisin.

Dessin sur papier bleu, au crayon noir et à l'estompe rehaussés.

Acheté, le 6 octobre 1846, à la vente de M. Vignon, architecte.

H., 0m,7. L., 0m,17.

101. — La Seine.

Mercure apporte à la Seine le roi de Rome.

102. — Le Tibre.

Le Tibre, coiffé de roseaux, tenant un aviron et appuyé sur une urne, a devant lui une étoile au-dessus de la Louve et de Remus et de Romulus.

Dessins au crayon noir et à l'estompe rehaussés, sur papier bleu.

Ces dessins ont été faits pour le berceau du roi de Rome. Les bas reliefs en bronze, ornaient les côtés de ce berceau.

H., 0m,21. L., 0m,11.

PRUD'HON (PIERRE)

103. — La Justice.

Un enfant ailé, en pied, debout, nu, les jambes croisées, tient une paire de balances.

104. — La Force.

Un enfant nu, ailé, debout, en pied, vu de face, tient d'une main une massue, et de l'autre, une couronne.

Dessins sur papier gris, au crayon noir et à l'estompe, rehaussés de blanc.

Ces deux sujets, fondus en bronze, ont servi à orner le berceau du roi de Rome.

H., 0m,23. L., 0m,14.

105. — Danseuse jouant du tambour de basque.

Dessin sur papier bleu verdâtre, au crayon noir et à l'estompe, rehaussés de blanc.

Lithographié par Jules Boilly.

H., 0m,43. L., 0m,19.

106. — Danseuse jouant du triangle.

Dessin sur papier bleu verdâtre, au crayon noir et à l'estompe, rehaussés de blanc.

Lithographié par Jules Boilly.

H., 0m,43. L., 0m,20.

107. — Danseuse jouant des cymbales.

Ces trois figures en argent, faisaient partie du surtout de l'Empereur et de Marie-Louise.

Dessin sur papier bleu verdâtre, au crayon noir et à l'estompe, rehaussés de blanc.

Lithographié par Jules Boilly.

H., 0m,43. L., 0m,21.

PRUD'HON (PIERRE)

108. — Daphnis et Chloé.

Daphnis, un genou posé sur un tertre, sur lequel Chloé est assise, cherche une cigale dans le sein de Chloé. A leurs pieds, un chien couché.

Ce dessin avait été fait pour illustrer le volume de *Daphnis et Chloé,* publié par M. Firmin Didot.

Dessin à la plume et au crayon noir, rehaussés de blanc, sur papier bleu.

H., 0m,19. L., 0m,15.

109. — Némésis.

Némésis traîne un assassin et sa complice devant Thémis. Variante pour le dessin qui suit.

Dessin au crayon noir et à l'estompe, sur papier gris.

Signé à gauche : P. P. Prud'hon.

H., 0m,26. L., 0m,19.

110. — Thémis.

Thémis, armée d'un glaive, est assise sur un trône. Elle est entourée de la Force, de la Prudence et de la Modération.

Sur les marches du trône, une femme et son enfant sont étendus morts. Leur assassin est traîné devant Thémis par Némésis, dont les ailes sont déployées.

Dessin sur papier bleu au crayon noir et à l'estompe, rehaussés de blanc.

H., 0m,28. L., 0m,33.

111. — Cérès.

Assise, couronnée d'épis, la poitrine et les bras nus, Cérès tient, de la main gauche, une faucille.

A droite, deux amours couchés sur des gerbes; à gauche, trois amours, l'un d'eux est dans les airs, et un autre, à moitié agenouillé, regarde un troisième amour : ce dernier tend les bras pour prendre un oiseau qui vient de s'envoler.

Dessin sur papier bleu au crayon noir rehaussé.

H., 0^m,22. L., 0^m,39.

112. — Le Repentir.

Une femme debout, en pied, le haut de la poitrine et les bras nus, a son front caché par l'une de ses mains. Sa tête et son attitude expriment la douleur.

Dessin sur papier blanc au crayon noir et à l'estompe rehaussés de blanc.

Étude pour le tableau représentant : l'Amour séduit l'Innocence; le Plaisir l'entraîne, le Repentir suit.

H., 0^m,32. L., 0^m,16.

113. — L'Amour et l'Innocence.

Dessin sur papier blanc au crayon noir et à l'estompe rehaussés de blanc.

Études faites d'après les modèles Julien et Marguerite pour le tableau représentant : l'Amour séduit l'Innocence; le Plaisir l'entraîne; le Repentir suit.

L'esquisse appartient à M. le duc de Narbonne, et le tableau à M. le marquis de Colbert Chabannais.

H. 0^m,37. L., 0^m,25.

114. — La Renaissance des arts.

Le Génie des arts, nu, ailé, la tête et l'une des mains levées, et ayant dans l'autre main une palette, des brosses et un maillet, est enlevée dans l'Olympe par Minerve, qui est drapée et casquée.

En bas, à gauche, le génie de l'Étude et deux autres génies; à droite, l'Ignorance est renversée.

Dessin sur papier gris au crayon noir et à l'estompe rehaussés.

Ce sujet, destiné à être reproduit au Louvre, en plafond, dans l'escalier de Percier, aujourd'hui détruit, n'a pas été peint par Prud'hon.

L'esquisse appartient à M. Sabatier, ministre plénipotentiaire, et un autre dessin à M. Eudoxe Marcille.

H., 0^m,59. L., 0^m,30.

115. — Il caresse avant de blesser.

L'Amour ailé, assis, caresse avec la barbe d'une plume la joue d'un enfant à moitié couché, et sur le ventre duquel un chien appuie sa tête.

Dessin sur papier blanc à l'estompe.

Gravé par B. Roger.

H., 0^m.40. L., 0^m,29.

116. — Pâris et Hélène.

Vénus pousse Hélène dans les bras de Pâris.

Dessin sur papier bleu au crayon noir rehaussé de blanc.

Un dessin terminé, très-terminé, représentant le même sujet a été adjugé, à la vente Pourtalès, à Lord Dudley.

H., 0^m,30. L., 0^m,38.

LES QUATRE HEURES DE LA JOURNÉE

117. — Le Matin.

Une femme, à moitié nue, à moitié couchée, se coiffe devant un amour qui tient un miroir ; plus loin, un autre amour.

118. — Le Milieu du jour.

Une femme prend un bain ; à droite, un enfant joue de la flûte ; un autre enfant tient un cahier de musique.

119. — Le Soir.

Une femme entièrement drapée, à moitié étendue sur un lit de repos, fait une lecture. Deux enfants, dont on ne voit que les têtes et le bras de l'un d'eux, regardent cette femme.

PRUD'HON (Pierre)

120. — La Nuit.

Une femme couchée dort tenant un amour qui est couché près d'elle; à droite, deux colombes.

Dessin sur papier gris au crayon noir rehaussé de blanc.

Ces sujets ont été exécutés comme dessus de porte, en grisaille, pour l'hôtel Lanois, aujourd'hui l'hôtel Rothschild, 17, rue Laffite.

H., 0^m,80. L., 0^m,15.

121. — L'Amour.

L'Amour, debout, en pied, sourit; sa tête est baissée; le bras droit est levé; la main gauche tient un ruban auquel est attaché un carquois rempli de flèches.

Étude pour le tableau représentant : l'Innocence qui préfère l'Amour à la Richesse.

Pastel. — H., 0^m,60. L., 0^m,47.

122. — Neuf Amours dansant et jouant de divers instruments. Les trois Amours du milieu sont assis.

Pour la décoration d'une rampe de théâtre.

Dessin au crayon noir, sur papier blanc.

H., 0^m,8. L., 0^m,41.

123. — La Victime.

Étude de jeune homme pour le tableau représentant : la Vengeance et la Justice divine poursuivant le Crime.

Dessin sur papier bleu, au crayon noir et à l'estompe rehaussés de blanc.

H., 0^m,30. L., 0^m,56.

PRUD'HON (PIERRE)

124. — Le Modèle.

Un enfant, nu, assis sur un tabouret dont les pieds ont la forme d'un X, est coiffé d'un fichu; sa tête est appuyée sur sa main droite.

Signé à gauche : Prud'hon.

Dessin sur papier bleu, à l'estompe et au crayon noir, rehaussés de blanc.

H., 0m,36. L., 0m,29.

125. — L'Hiver.

Une femme drapée jusqu'aux yeux les jambes un peu pliées.

Dessin au crayon noir, rehaussé, sur papier bleu.

Ce dessin fait partie d'une suite des quatre saisons : les tableaux appartiennent à Mme Denain.

H., 0m,16. L., 0m,12.

126. — Paysage.

Au fond à gauche, des montagnes; devant des fabriques. Au premier plan une cascade, une touffe d'arbres et deux personnages.

Dessin au crayon noir et à l'estompe, rehaussés, sur papier bleu.

H., 0m,24. L., 0m,29.

127. — Une Femme.

Drapée, elle est assise. Vue de trois quarts, une tresse orne le sommet de sa tête. Les mains et les jambes ne sont qu'indiquées au crayon. La main gauche est levée : elle tient un bâton.

Dessin à la plume, sur papier blanc.

H., 0m,40. L., 0m,08.

PRUD'HON (Pierre)

128. — Portrait de l'impératrice Joséphine.

> Elle est en pied, et assise dans le parc de la Malmaison.
> Dessin sur papier bleu au crayon noir, rehaussé de blanc.
>
> H., 0ᵐ,14 1/2. L., 0ᵐ,10 1/2.

129. — Portrait de Mᵐᵉ la baronne Alexandre de Talleyrand, à l'âge de sept ans.

> En pied, debout, vue de trois quarts regardant à droite, des cheveux frisés tombent le long de ses joues. Robe courte, à manches courtes : gants longs.
> Dessin au crayon noir et à l'estompe, rehaussés de blanc, sur papier verdâtre.
>
> H., 0ᵐ24. L., 0ᵐ,17.

130. — Portrait de M. le comte de Sommariva.

> Il est assis, un livre à la main, dans sa villa de Sommariva, aux bords du lac de Côme.
> Dessin sur papier bleu, au crayon noir et à l'estompe, rehaussés.
>
> H., 0ᵐ,24. L., 0ᵐ,17.

131. — La Victoire.

> La tête couronnée de lauriers, la Victoire, ailée, est en pied et debout : ses deux bras et sa jambe droite sont nus. Une main tient une couronne, l'autre une palme.
> Dessin au crayon noir rehaussé sur papier gris.
>
> H., 0ᵐ,35. L., 0ᵐ,24.

PRUD'HON (PIERRE)

132. — La Paix.

Une femme debout, en pied, entièrement drapée, a les deux bras levés : les deux mains tiennent des couronnes : d'autres couronnes sont retenues par le bras gauche.

Dessin au crayon noir rehaussé sur papier gris.

H., 0ᵐ,34. L., 0ᵐ,23.

133. — Les Sciences.

Un vieillard, en pied, debout, entièrement drapé tient, de la main droite, un style : sa main gauche est posée sur une tablette où sont tracés des problèmes. Au bas, à droite, une sphère.

Dessin au crayon noir rehaussé sur papier gris.

H., 0ᵐ,34. L., 0,23.

134. — L'Étude.

Debout, en pied, les yeux baissés, dans l'attitude de la méditation, la tête appuyée sur la main gauche, l'Étude tient une tablette. Ses jambes sont croisées : une lampe est à ses pieds.

Dessin au crayon noir rehaussé sur papier gris.

H., 0ᵐ,34. L., 0ᵐ,23.

135. — La Navigation.

Debout, sur l'extrémité d'un bateau, elle a les deux bras et les deux jambes nus. Le corps est un peu incliné : les deux mains tiennent un aviron, les deux jambes sont croisées.

Dessin au crayon noir rehaussé sur papier gris.

H., 0ᵐ,35. L., 0ᵐ,23.

PRUD'HON (Pierre)

136. — La Poésie.

Une femme debout, ailée, le haut du corps nu, la tête couronnée de lauriers, chante en s'accompagnant avec la lyre.
Dessin au crayon noir rehaussé sur papier gris.

H., 0^m,35. L., 0^m,23.

137. — La Peinture.

Une femme entièrement drapée, le genou gauche appuyé sur un tabouret, tient, de la main droite, un porte-crayon : ses deux mains sont posées sur un carton à dessin.
Dessin au crayon noir rehaussé sur papier gris.

H., 0^m,33. L., 0^m,23.

138. — Le Commerce.

Sous la personnification de Mercure, jeune, le Commerce, des ailes au front, tient un style et des tablettes. Il est debout ; il a derrière lui un ballot et un caducée.
Dessin au crayon noir rehaussé sur papier gris.

H., 0^m,34. L., 0^m,23.

139. — L'Agriculture.

Une femme en pied, debout, les bras et les jambes nus a les mains appuyées sur le haut d'un soc de charrue : derrière, une gerbe de blé.
Dessin au crayon noir rehaussé sur papier gris.

H., 0^m,34. L., 0^m,23.

PRUD'HON (PIERRE)

140. — L'Industrie.

Elle est personnifiée par une femme debout, en pied et drapée, qui, une flamme au front, tient un compas de la main gauche, sur laquelle elle appuie sa tête : la main droite est posée sur un caducée.

Dessin au crayon noir rehaussé sur papier gris.

H., 0ᵐ,34. L., 0ᵐ,23.

Les dix dessins qui précèdent furent faits pour la décoration de l'Hôtel de ville de Paris, lors du mariage de l'empereur Napoléon Iᵉʳ avec l'impératrice Marie-Louise.

Ces sujets, exécutés en grand et peints à l'essence, avaient été vus, le soir, éclairés par derrière avec des lampes.

141. — Tête de vieillard.

Elle est vue de face, et entourée d'une étoffe qui est nouée sous le menton; au sommet de la tête est une lampe antique allumée.

Dessin sur papier bleu au crayon noir rehaussé de blanc.

La peinture de ce mascaron était destinée à la décoration de l'hôtel Lanois (17, rue Laffitte).

H., 0ᵐ,38. L., 0ᵐ,24.

142. — Tête de satyre.

Elle est vue de face et couronnée de pampres.

Dessin à la plume sur papier blanc.

H., 0ᵐ,8. L., 0ᵐ,8.

143. — Tête de satyre.

Il est vu de trois quarts; il regarde à droite en riant.

Dessin au crayon noir sur papier gris.

H., 0ᵐ,27. L., 0ᵐ, 24.

PRUD'HON (Pierre)

144. — Tête de satyre.

Il porte des cornes; il est vu de face.

Dessin sur papier bleu, au crayon noir rehaussé de blanc.

Mascaron pour la décoration de l'hôtel Lanois, 17, rue Laffitte.

Signé : P. P. Prud'hon.

H., 0m,37. L., 0m,23.

145. — Album de Prud'hon en Italie.

Cet album relié en parchemin et attaché avec une courroie renferme seize figures, bustes et bas reliefs dessinés par Prud'hon d'après l'antique; un croquis à la plume, d'après *Vénus et l'Amour* du Corrége; un croquis du sujet représentant l'Amour séduit l'Innocence, le Plaisir l'entraîne, le Repentir suit; beaucoup de croquis divers au crayon et à la plume; une lettre d'Amour; des sujets de tableaux; et des notes biographiques sur les artistes anciens.

H., 0m,18. L., 0m,12

RAPHAEL (D'après)

146. — Saint-Jean.

Il est debout, la main droite sur son cœur.

Dessin à la plume sur papier jaune.

H., 0m,21. L., 0m,10.

RIGAUD (Hyacinthe.)

Né à Perpignan le 20 juillet 1659, mort à Paris le 27 décembre 1743.

147. — Portait de La Fontaine.

Il est vu de trois quarts, regardant à gauche.
Dessin sur papier bleu au crayon noir, rehaussé de blanc.

H., 0ᵐ,29. L., 0ᵐ,23.

SPAENDOUCK (Gérard Van)

Né en 1746, mort en 1822.

148. — Des Roses, un Pavot, des Anémones, des Roses trémières sur une tablette de marbre : derrière, un grand vase sur lequel se détache une branche de myosotis.

Miniature.

Diamètre, 55 millimètres.

149. — Des Roses, un Pavot, des Tulipes, des Jacinthes, des Anémones et quelques autres fleurs dans une corbeille sur une console.

Miniature à l'huile.
Signé : G. Van Spaendouck.

Diamètre, 0ᵐ,6.

TOUR (MAURICE QUENTIN DE LA)

Né à Saint-Quentin en 1702, mort dans la même ville en 1788.

150. — Portrait de Silvestre.

> Il est vu de trois quarts, regardant à droite; la perruque n'est qu'indiquée aux crayons noir et brun.
> Dessin sur papier gris rehaussé de blanc.
>
> H., 0^m,30. L., 0^m,25.

151. — Portrait de l'Artiste.

> Vu de trois quarts, souriant, il est coiffé d'un bonnet noir et vêtu d'un habit brun doublé de bleu. De la Tour a la main droite levée, faisant un signe indicateur, comme dans le portrait gravé par Schmit.
>
> Pastel, ovale. — H., 0^m,30. L., 0^m,23.

152. — Portrait de Dumont le Romain.

> Il est vu de trois quarts, regardant à droite, et coiffé d'un fichu noué au haut du front.
> Dessin sur papier bleu au crayon noir rehaussé de blanc.
>
> H., 0^m,30. L., 0^m,20.

153. — Portrait de Louis de Bourbon, Dauphin, père de Louis XVI.

> Il est vu de trois quarts, regardant à droite; cheveux poudrés et relevés sur les côtés; cravate blanche; collet rouge indiqué.
> Derrière on lit : Monsieur le Dauphin, père de Louis XVI. Ces mots ont été écrits par de la Tour.
> Pastel sur papier gris.
>
> H., 0^m,32. L., 0^m,26.

WATTEAU (Antoine)

Né à Valenciennes en 1684, mort à Nogent, près Paris, le 18 juillet 1724.

154. — Portrait d'homme.

> Il est vu de profil ; l'œil est fermé ; un bonnet est posé sur le côté droit de la tête.
>
> Dessin à la sanguine et au crayon noir sur papier blanc.
>
> Ce dessin a été gravé.
>
> H., 0^m,23. L., 0^m,17.

ÉCOLE FRANÇAISE

155. — Portrait de Voltaire, de son père, de sa mère, de sa grand'mère et de son frère.

> Ces cinq miniatures, du xviiie siècle, ont été données par le frère de Voltaire au chevalier d'Alembert.
>
> Elles proviennent de la collection de M. La Mesangère, dans le catalogue duquel on lit : « Cette suite est d'autant plus « intéressante que M. La Mesangère se l'est procurée d'une « source certaine. »

156. — Cours de mathématiques à l'usage des gardes du Pavillon et de la Marine par M. Bézout de l'Académie royale des sciences, etc., etc.

> Seconde partie.
>
> Contenant les éléments de géométrie, la trigonométrie rectiligne, et la trigonométrie sphérique.
>
> A Paris, de l'imprimerie de Ph.-D. Pierres, 1782.
>
> Sur ce livre, relié en basane, ont été empreintes trois fleurs

de lis surmontées d'une couronne. Autour on lit : Hôtel de l'École royale militaire ; puis, Præmium et Incitamentum laboris. Ces mots sont entourés de deux palmes qui se joignent en haut et en bas.

A l'envers de la reliure, les fleurs de lis imprimées sur papier ont été biffées; autour on lit : Hôtel de l'École royale militaire.

Ce volume a été donné en prix à Napoléon Iᵉʳ, à l'École militaire de Brienne, et lui a servi pour apprendre les mathématiques.

A la première page, on lit les lignes suivantes, écrites par Napoléon Iᵉʳ :

Buonaparte.

Le B est caché par un pâté.

Le nom est suivi de ces mots :

Cyrno si da più justa e amica mano,
Speri sorte melior lespere invano.

Corse, si d'une main plus juste et plus amie, tu espères un sort meilleur, tu l'espères en vain.

457. — Crosse de l'archevêque de Tolède.

Dans la partie supérieure, l'Annonciation ; au-dessous, un ange, les mains tendues et les ailes déployées; puis deux rangs de niches dans lesquelles on voit des saints et saintes.

Cuivre doré du XVIIᵉ siècle.

TABLEAUX

TABLEAUX

BAUGIN (Lubin)

Né à Pithiviers vers 1610, inhumé le 12 juillet 1663.

1. — La Vierge et l'Enfant Jésus.

> L'enfant Jésus est sur les genoux de sa mère; il tient un fil auquel est attaché un oiseau par la patte.

B. — H., 0ᵐ,41. L., 0ᵐ,26.

CHARDIN

2. — Un Violon, une Musette, des Cahiers de musique et un pupitre sur lequel est perché un perroquet dont on ne voit que la moitié du corps.

Signé : Chardin.

T. — H., 0ᵐ,62. L., 0ᵐ,77.

3. — Un Pâté ouvert.

> A gauche, du vin rouge dans un verre à pied.

T. — H., 0ᵐ,34. L., 0ᵐ,74.

CHARDIN

4. — Un Lion.

Grisaille.

T. — H., 0ᵐ,87. L. 1ᵐ,11.

COCHEREAU. (MATHIEU)

Né à Montigny, près Châteaudun, en 1793; mort à la hauteur de Bizerte,
sur la côte d'Afrique, le 10 août 1817.

5. — Cours fait par Prévot pour apprendre à peindre des panoramas.

Les premiers panoramas peints par Prévot, se voyaient à
Paris au haut de la rue Montmartre; ils ont donné leur nom au
passage qui conduit de la rue Montmartre au boulevard.

Une excellent notice sur Cochereau a été écrite par M. Camille Marcille. Chartres, Édouard Garnier, imprimeur, 1873.

T. — H., 0ᵐ,51. L., 0ᵐ,64.

6. — Paysage; vue de la butte Montmartre, prise du haut d'une maison du boulevard des Capucines.

T. — H., 0ᵐ,28. L., 0ᵐ,39.

7. — Intérieur de chapelle.

A gauche, un homme debout et une femme agenouillée.

T. — H., 0ᵐ,23. L., 0,30.

8. — Tête d'étude d'après le modèle Duboscq.

Elle est vue de trois quarts, regardant à droite.

T. — H., 0ᵐ,48. L., 0ᵐ,39.

— 57 —

COCHEREAU (Mathieu)

9. — Académie de jeune homme, au milieu d'un paysage.

Un filet d'eau s'écoule d'une fontaine.

T. — H., 0^m,55. L., 0^m,46.

COROT (Jean-Baptiste-Camille)

Né à Paris, le 20 juillet 1796, mort dans la même ville, le 23 février 1875.

10. — Paysage ; vue prise à Oisème, près Chartres.

Signé : Corot.

T. — H., 0^m,36. L., 0^m,24.

DUBOIS (*D'après* Prud'hon)

11. — L'Été.

A droite, trois femmes vont se baigner; à gauche, un homme, à moitié nu, dirige deux chevaux qui battent le blé sur une aire; un homme nu ramasse la paille.

T. — H., 0^m,58. L., 2^m,13.

!

DUBOIS (*D'après* Prud'hon)

12. — L'Automne.

A droite, deux femmes font jouer des enfants à la main chaude; à gauche des chasseurs suivis d'un jeune homme et de chiens rapportent du gibier.

H., 0^m,58. L., 1^m,4

5.

DUBOIS (*D'après* Prud'hon)

13. — L'Hiver.

A droite, une femme assise coud ; une autre femme debout
tient une quenouille ; un homme et un enfant se chauffent près
d'un brasero.

A gauche, un jeune homme assis parle à une jeune fille, et
un jeune homme et une jeune fille dansent.

Les dessins de ces trois compositions appartiennent à M. le
duc d'Aumale.

Ces trois frises avaient été peintes pour l'hôtel Lanois,
aujourd'hui à M. le baron Rothschild, 17, rue Laffitte.

H., 0^m,58. L., 1^m,45.

FRAGONARD (*École de* Honoré)

14. — Jeune femme nue, et assise.

Derrière et devant elle, deux enfants ; à droite, un flambeau
allumé et un cœur enflammé ; à gauche deux chiens.

T. — H., 0^m,49. L., 0^m,92.

GÉRICAULT

15. — Départ d'Ulysse d'Ithaque.

Il fait ses adieux à Pénélope et à Télémaque.

B. — H., 0^m,49. L., 0^m,68.

GÉRICAULT

16. — Académie d'après le modèle Pécota.

Un homme debout tire sur une corde.

T. — H., 0ᵐ,81. L., 0ᵐ,64.

17. — Académie d'homme.

Il est debout et en pied; la tête est vue de profil; le bras droit est appuyé sur un tabouret à modèle; la main droite tient un bâton; les jambes sont écartées.
Cette académie provient de la vente Charlet.

T. — H., 0ᵐ,81. L., 0ᵐ,65.

18. — Académie.

Un jeune homme assis joue de la flûte : sa jambe droite est pliée.

T. — H., 0ᵐ,59. L., 0ᵐ,48.

19. — Homme nu, à moitié couché.

Il est appuyé sur les deux mains ; sa jambe gauche est pliée, la droite est levée.

T. — H., 0ᵐ,22. L., 0ᵐ,22.

GREUZE

20. — Enlèvement d'Orythie, par Borée.

T. — H., 0ᵐ,35. L., 0ᵐ,27.

GREUZE (*Ecole de*)

21. — Tête de jeune fille.

Elle est un peu inclinée; l'un des seins est nu; l'autre es couvert d'une draperie blanche.

T. — H., 0ᵐ,46. L., 0ᵐ,33.

GUÉRIN (Pierre-Narcisse)

Né à Paris le 13 mars 1774, mort à Paris le 16 juillet 1833.

22. — Deux Génies ailés tenant une couronne.

Esquisse du plafond du Louvre, salle des Antiques. Provenant de la collection Odiot.

T. — D., 0ᵐ,12.

HOLBEIN (*Ecole de* Jean)

Né en 1498, mort en 1543.

23. — Portrait de femme.

Elle est en vue de trois quarts, regardant à gauche; elle porte une coiffe blanche, et une chemisette qui est attachée au haut du cóu. Sous une robe noire, des manches rouges. Les mains sont croisées.

On lit à gauche: 1543; à droite: *Ætatis suæ* 19.

B. — H., 0ᵐ,60. L.,0ᵐ,45,

JOUVENET (Jean)

Né à Rouen en 1644, mort à Paris le 5 avril 1717.

24. — Le Christ descendu de la croix.

Saint Jean et la sainte Vierge, les mains jointes, le regardent. Sainte Madeleine, prosternée, tient l'un des pieds du Christ.

T. — H., 0ᵐ,53. L., 0ᵐ,84.

LAJOUE (Jacques)

Né en 1687, mort en 1761.

25. — La Camargo.

La Camargo danse dans un parc. A gauche, un spectateur debout; à droite, une dame assise et un musicien qui joue du violon.

T. — H., 0ᵐ,52. L., 0ᵐ,58.

LARGILLIÈRE (Nicolas)

26. — Portrait d'homme.

Il est vu jusqu'aux genoux; le corps est enveloppé dans un manteau rouge. Derrière, un fauteuil, une colonne et un rideau.

T. — H., 0ᵐ,16. L., 0ᵐ,13.

LIECKTHENANE

Né à Neuchâtel (Suisse).

27. — Portrait du fils de l'artiste.

> Il est vu de profil; tourné à gauche, des cheveux blonds tombent sur un vêtement bleu.

> T. — H., 0m,37. L., 0m,29.

MANTEGNA (*Attribué à* ANDRÉ)

28. — Jésus devant Pilate.

> Jésus debout, les mains liées, vêtu d'une robe noire, à parement et à collet rouge, suivi de soldats qui portent des piques et des lances, est devant Pilate qui est assis.

> B. — H., 0m,27. L., 0m,44.

MASURE (JULES)

Né à Braine (Aisne), élève de Corot, médaillé en 1866.

29. — Paysage.

> Bois de lauriers-roses, à Saint-Raphaël, près Fréjus.
> Signé : Masure.

> B. — H., 0m,21. L., 0m,27.

MICHALLON (Achille-Etna)

Né à Paris le 22 octobre 1796, mort dans la même ville
le 24 septembre 1822.

30. — Paysage.

Site d'Italie. A gauche, trois femmes précédées d'un chien.

T. — H., 0m,29. L., 0m,43.

MIGNARD (Pierre)

Né à Troyes dans le mois de novembre 1610, mort à Paris le 13 mai 1695.

31. — Tête de femme.

Elle est vue de profil; ses cheveux blonds sont noués avec
un ruban blanc.

Ce fragment de plafond provient de l'hôtel de Longueville,
qui appartenait au duc d'Épernon.

Cette tête de femme représentait une heure qui suit le char
du Soleil.

Fresque, ovale. — H., 0m,24. L., 0m,38.

32. — Portrait de Mlle de la Vallière.

Assise, la poitrine décolletée, les bras nus, Mlle de la Val-
lière tient, d'une main, une croix; et de l'autre, un flacon.

T. — H., 1m,17. L., 0m,89.

MILLET (Jean Francisque)

Né à Paris en 1666; mort en 1723.

33. — Paysage.

A droite, des montagnes; au-dessous, un cours d'eau avec cascade. Au premier plan, deux hommes, l'un debout, portant des branchages, l'autre agenouillé.

T. — H., 0ᵐ,52. L., 0ᵐ,65.

34. — Paysage.

A gauche, des montagnes et un tombeau surmonté d'une urne. A droite, un pont; au-dessus, un pin et des arbres touffus.

Ce tableau a été gravé par Simon. La gravure est rare; elle est à la Bibliothèque nationale.

Toile marouflée. — Diamètre, 0ᵐ,19.

35. — Paysage.

La Fuite en Égypte; la sainte Vierge, saint Joseph et l'enfant Jésus, suivis d'un âne, vont traverser dans un bac un cours d'eau.

B. — H., 0ᵐ,62. L., 0ᵐ,73.

MONNOYER (Jean-Baptiste)

Né à Lille en 1634, mort à Londres le 16 février 1699.

36. — Un Bouquet de fleurs.

Des jacinthes, des narcisses, un pavot et des crysanthèmes.

T. — H., 0ᵐ,36. L., 0ᵐ,28.

PERROT (FERDINAND)

Décédé en septembre 1841.

37. — Vue du Croisic.

T. — H., 0^m,29. L., 0^m,42.

POUSSIN (NICOLAS)

Né aux Andelys en 1594, mort à Rome le 19 octobre 1665.

38. — Portrait du cardinal Cassien del Pozzo ami du Poussin.

Le cardinal est vu de trois quarts regardant à gauche; il est coiffé d'une calotte et d'une barrette rouges; il est vêtu d'une soutane rouge.

T. — H., 0^m,46. L., 0^m,33.

PRUD'HON (*Attribué à*)

39. — La Nuit.

Une femme ailée, la tête couronnée de pavots, tient deux enfants endormis dans ses bras. A droite, un croissant.

T. — H., 0^m,57. L., 0^m,66.

RAVESTYN (Henri)

Né en 1651, mort en 1672.

40. — Portrait d'homme.

Il est vu à mi-corps; il porte toute sa barbe, une collerette et un vêtement noir. L'une des mains, fermée, est posée sur la hanche, l'autre ouverte sur une table.

B. — H., 1^m,12. L., 0^m,82.

ROBUSTI (*dit* le Tintoret)

Né à Venise en 1512, mort le 31 mai 1594.

41. — Portrait d'un Vénitien.

Vu de trois quarts et regardant à gauche; il est assis. La main gauche est appuyée sur le bras d'un fauteuil, la droite est posée sur un manteau violet très-foncé, garni de fourrures.

T. — H., 1^m,03. L., 0^m,85.

TINTORET (*D'après*)

42. — Saint Marc.

Copie du tableau qui est à Venise.

T. — H., 0^m,73. L., 0^m,94.

ROMBOUTS (Théodore)

Né à Anvers en 1597, mort dans la même ville en 1637.

43. — Paysage.

> A gauche, un homme debout près d'un homme assis, et quelques moutons.
>
> B. — H., 0ᵐ,25. L., 0ᵐ,33.

SAUVAGE (Piat-Joseph)

Né à Tournai, le 19 janvier 1744, mort dans la même ville, le 10 juin 1818.

44. — Enfants agenouillés.

> Deux de ces enfants tiennent du raisin.
> Grisaille pour dessus de porte.
> Papier marouflé sur panneau.
>
> H., 0ᵐ,26. L., 0ᵐ,61.

SNEYDERS (François)

Né en 1579, mort en 1657.

45. — Nature morte.

> Dans un vase en cuivre, une corbeille en osier, remplie de fruits, est à moitié renversée. A droite, une belle botte d'asperges et un artichaut ; à gauche, des prunes et des raisins sur un tapis rouge.
>
> T. — H., 1ᵐ,15. L., 0ᵐ,80.

SPAENDONCK (Gérard van)

Né en 1746, mort en 1822.

46. — Fleurs.

> Sur un autel antique, un bouquet de fleurs. Derrière, un
> hémicycle; à droite et à gauche, des pavots.
> Esquisse.
>
> T. — H., 0m,30. L., 0m,23.

VECELLIO (Tiziano)

Né au bourg de Piève, en 1477, mort le 27 août 1576.

47. — Femme tenant d'une main ses cheveux, et de l'autre
un peigne.

> Fragment de tableau.
>
> T. — H., 0m,45. L., 0m,38.

Mme VALEYÉ-COSTER

48. — Quatre Pêches.

> T. — H., 0m,32. L., 0m,40.

VOLÈRE (Le Chevalier)

(XVIIIe siècle)

49. — Éruption du Vésuve.

> T. — H., 0m,42. L., 0m,56.

ZECCHINI

(École bolonaise)

50. — Enfant nu et couché : derrière, un rideau violet.

B. — H., 0^m,46. L., 0^m,25.

ZINCK

51. — Paysage.

Cascades entre deux rochers.
Peinture sur carton.

Ovale. — H., 0^m,44. L., 0^m,44.

ÉCOLE ESPAGNOLE

52. — Une Croix.

N.-S. Jésus-Christ est en croix ; au-dessus de sa tête on
lit : JÉSUS NAZARENUS REX JUDAEORUM.
Sous ses pieds, sainte Thérèse à genoux, les maintes jointes,
est en prière ; sous sainte Thérèse, saint François d'Assises a
les yeux levés et les bras croisés.

B. — H., 0^m,54. L., 0^m,36.

ÉCOLE ITALIENNE PRIMITIVE

53. — Un Convoi.

Deux personnages vêtus de noir sont couchés sur un char

5

traîné par des bœufs qui vont entrer dans un château par un pont levis.

Le char est suivi par un cardinal et quelques autres personnes.

B. — H., 0^m,33. L., 0^m,50.

ÉCOLE ITALIENNE

54. — Saint Roch en prison.

Il tient d'une main un livre, et de l'autre son bâton de pèlerin. Devant lui, un ange, de l'autre côté, un chien.

T. — H., 0^m,44. L., 0^m,33.

ÉCOLE FLAMANDE

55. — Portrait de jeune fille.

Une jeune fille en pied, debout, vue presque de face, la tête nue, tient d'une main un petit pain. Sa robe est presque entièrement couverte par une collerette, des manchettes blanches, et un tablier blanc.

A gauche, un chien.

T. — H., 0^m,98. L., 0^m,74.

56. — Tête de vieillard.

Il est vu de profil, il a une barbe grise, il porte un vêtement brun.

B. — H., 0^m,40. L., 0^m,29.

57. — Un Poisson sur un plat de terre.

T. — H., 0^m,31. L., 0^m, 43.

ÉCOLE FLAMANDE

58. — Marine.

> A gauche, des rochers; à droite, deux bateaux.

> T. — H., 0ᵐ,27. L., 0ᵐ,44.

59. — Portrait d'une jeune fille.

> Une jeune fille debout, des dentelles autour de sa tête, de son cou et de son tablier, tient sur sa main gauche, une perruche à laquelle elle présente deux cerises.
> A gauche une table couverte d'un tapis rouge; sur la table, des fruits dans un compotier.
> A droite et à gauche, des rideaux rouges.

> T. — H., 1ᵐ,05. L., 0ᵐ,79.

60. — Portrait d'un jeune homme.

> Il est vu de trois quarts regardant à gauche ; perruque blonde, cravate blanche, habit brun, manteau bleu.

> Ovale, cuivre. — H., 0ᵐ,11. L., 0ᵐ,09.

ANCIENNE ÉCOLE FLAMANDE

61. — La Vierge allaitant l'enfant Jésus.

> La Vierge est vêtue d'une robe rouge ornée de perles.
> A droite, trois personnages; à gauche, un moulin à eau et un œillet dans un pot à fleurs.

> B. — H., 0ᵐ,40, cintré dans la partie supérieure. L., 0ᵐ,33.

ÉCOLE FRANÇAISE

62. — La Sainte Vierge assise, vêtue d'une robe rouge et d'une écharpe bleue, a dans ses bras l'enfant Jésus qui tient un voile de la main droite. A droite, saint Joseph.

Fond de paysage.

T. — H., 0^m,64. L., 0^m,53.

63. — Portrait de l'amiral Coligny.

Il est vu de trois quarts, regardant à gauche; il porte un col de chemise rabattu et un vêtement gris boutonné avec six boutons. Sur ce vêtement, un ruban noir.

B. — H., 0^m,55. L., 0^m,44.

64. — La Tragédie, la Comédie et la Musique assises sur des nuages; au dessus des amours tenant des fleurs.

Plafond pour une salle de spectacle.

T. — H., 0^m,29. L., 0^m,52.

65. — Le Jour et la Nuit.

Le Jour, précédé du Temps qui tient sa faulx, est sur un char traîné par six chevaux; au-dessus, la Nuit et les Ténèbres. Autour de ce sujet, un plafond en camaïeu.

T. — H., 0^m,44. L., 0^m,60.

66. — Portrait de Louis XIII.

Il est vu de trois quarts, regardant à droite; il porte une

moustache, une impériale et des cheveux qui tombent sur une collerette garnie de dentelles.

B. — H., 0ᵐ,32. L., 0ᵐ,27.

67. — Paysage et rochers.

Sous des rochers, des brigands viennent de tuer un voyageur; ils en ont garrotté d'autres.

T. — H., 0ᵐ,24. L., 0ᵐ,32.

68. — Portrait de Christine de Danemark, fille de Christian II, roi de Danemark, sœur de l'empereur Charles-Quint.

B. — H., 0ᵐ,22. L., 0ᵐ,23.

69. — Portrait d'homme.

Il est debout et vu à mi-corps; la tête de trois quarts regarde à gauche; les cheveux tombent sur un col blanc; vêtement noir; la main droite tient la croix de l'ordre du Saint-Esprit, la gauche est appuyée sur une table; on y voit une lettre avec cette adresse : Au Roy.

T. — H., 0ᵐ,97. L., 0ᵐ,78.

70. — Nature morte.

Une bouteille renversée, une carafe, des raves dans une assiette, un couteau, et un verre à moitié plein de vin rouge.

T. — H., 0ᵐ,33. L., 0ᵐ,71.

DESSINS

DESSINS

BOUCHOT (François)

Peintre, graveur et musicien, né à Paris, le 29 novembre 1800, mort dans la même ville, le 9 février 1842.

71. — Académie de jeune homme.

Il se chausse d'une sandale.
Dessin à la mine de plomb sur papier blanc.

H., 0^m,37. L., 0^m,24.

72. — Académie de jeune homme.

Il est debout; le bras droit suit la ligne du corps; le bras gauche, qui n'est qu'indiqué, tient un bâton.
Dessin à la mine de plomb sur papier blanc.

H., 0,43. L., 0^m,26.

BOQUET (Pierre-Jean)

Florissait en 1811.

73. — Deux Bœufs dans un pâturage.

Dessin au crayon noir sur papier blanc.
Signé : Dessin par Boquet.

H. 0^m,37. L., 0^m,53.

CHASSÉRIAU (Théodore)

Né en 1819, aux Antilles; mort en 1856, à Paris.

74. — Saint Méry entouré de moines.

Carton pour la fresque de l'église Saint-Méry, à Paris.

Papier. — L., 2ᵐ,60. H., 1ᵐ.

COCHEREAU (Mathieu)

Né à Montigny, près Châteaudun, en 1793, mort à la hauteur de Bizerte, sur la côte d'Afrique, le 10 août 1817.

75. — L'Amour.

Il est nu, assis et ailé ; il souffle dans une flûte ; il a derrière lui un tambour de basque.
Dessin sur papier blanc, à l'encre de Chine.

Diamètre, 0ᵐ,8.

DECAMPS

76. — Femme âgée, assise, ayant près d'elle un enfant.

Dessin à la mine de plomb, sur papier jaune.
Signé D. C.

H., 0ᵐ,14. L., 0ᵐ,12.

GÉRICAULT

77. — Course de *barberi*.

> Un cheval empanaché, au galop, est retenu par plusieurs
> Romains.
> Dessin sur papier calque.
>
> H., 0ᵐ,20. L., 0ᵐ,27.

78. — Étude de deux hommes, l'un d'eux agenouillé, l'autre couché, pour le *Naufrage de la Méduse*.

> Dessin à la plume et à la sépia, sur papier jaune.
> A gauche, un dessin au crayon de l'ensemble du sujet.
> Au verso, un homme couché, et deux études de lion.
> Dessins à la plume.
>
> H., 0ᵐ,48. L., 0ᵐ,25.

79. — Étude d'un homme agenouillé qui a une partie de sa tête cachée par sa main droite : le bras est appuyé sur la jambe droite qui est en avant.

> Dessin à la plume sur papier blanc, pour le *Naufrage de la Méduse*.
> A gauche, une tête d'homme au crayon.
> Au verso, étude d'un homme couché, pour le même tableau.
>
> H., 0ᵐ,25. L., 0ᵐ,30.

80. — Étude du radeau pour le *Naufrage de la Méduse*.

> Dessin à la plume sur papier blanc.
> Au verso, six croquis d'hommes à la plume, pour le même sujet.
>
> H., 0ᵐ,28. L., 0ᵐ,22.

GÉRICAULT

81. — Étude d'homme pour le *Naufrage de la Méduse*.

Le bras droit est appuyé sur la jambe droite qui est en avant; la jambe gauche est agenouillée.

A gauche, un croquis de l'ensemble du sujet.

Dessin au crayon noir, sur papier blanc.

Au verso; deux études d'hommes à moitié couchés pour le même tableau.

H., 0^m,25. L., 0^m,33.

82. — Homme nu à cheval se battant avec des artilleurs.

Au premier plan, deux hommes sont renversés. A gauche, un cheval monté, au galop, est arrêté par un homme.

Dessin à la plume, sur papier blanc.

H., 0^m,24. L., 0^m,29.

83. — Moïse.

Moïse, armé de sa verge, fait couler dans le Jourdain l'eau qui doit engloutir Pharaon et son armée; quand les Hébreux sont parvenus sur l'autre rive.

Dessin sur papier blanc, à l'encre de Chine.

H., 0^m,12. L., 0^m,17.

84. — Un Lion.

Étude de lion; l'une de ses pattes foule le corps d'une femme.

Dessin à la plume, sur papier blanc.

H., 0^m,12. L., 0^m,17.

GERICAULT

85. — Revue passée au Champs de Mars, par Louis XVIII.

> Dessin sur papier blanc, à la plume, à la Sépia et à l'encre de Chine.
> Au verso; le défilé de la cavalerie, au crayon.

> H., 0^m,18. L., 0^m,21.

86. — Étude d'homme tenant une hache et portant sa main à sa tête en signe de désespoir.

> Dessin à la mine de plomb, sur papier blanc.

> H., 0^m,18. L., 0^m,19.

87. — Quatre Croquis représentant quatre hommes tenant chacun une hache.

> Dessin à la plume, sur papier blanc.

> H., 0^m,16. L., 14.

88. — L'Empereur Napoléon Ier visitant le champ de bataille d'Eylau.

> Dessin sur papeir blanc à l'aquarelle et à la sépia.
> Au verso, un cavalier nu sur un cheval qui est tenu à la bride par un homme.
> Dessin à la sépia, sur papier blanc.

> H., 0^m,19. L., 0^m,29.

GÉRICAULT

89. — Un Homme à moitié renversé.

Dessin à la mine de plomb, sur papier blanc.

H., 0^m,21. L., 0^m,15.

90. — Mars et Hercule sur un char traîné par deux chevaux ; l'un d'eux est renversé.

Dessin à la plume et au crayon, sur papier blanc.

H., 0^m,20. L., 0^m,27.

91. — Une Nymphe et un Satyre

Dessin sur papier bleu à la sépia rehaussée de blanc.

H., 0^m,21. L., 0^m,14.

92. — Une Nymphe et un Satyre.

Dessin sur papier bleu à la sépia rehaussée de blanc.
Au verso, même sujet.

H., 0^m,21. L., 0^m,13.

LIPS (HEINRICH)

93. — Portraits de Lavater et de son fils.

Ils sont tous deux en pied et debout; ils tiennent l'un et l'autre une canne et un chapeau. Lavater père donne le bras à son fils.

Dessin à la sépia sur papier blanc.

Lavater, à qui le portrait a appartenu, a écrit la ligne qui est au bas.

Acheté, le 18 mars 1847, à la vente James Veith, pasteur du consistoire de Schaffouse.

H., 0ᵐ,38. L., 0ᵐ,23.

MARILHAT

94. — Sept Études d'arbres à la mine de plomb.

95. — Huit Études de plantes.

96. — Une Vue d'Orient.

Calque fait par l'artiste d'un de ses dessins.

PRUD'HON

97. — Étude d'une tête, de bras, d'une jambe et d'une main.

Dessin sur papier bleu au crayon noir rehaussé de blanc.

H., 0ᵐ,39. L., 0ᵐ,25.

98. — Étude d'une tête couchée appuyée sur une main, d'un bras et d'un torse couché.

Dessin sur papier bleu au crayon noir rehaussé.

H., 0ᵐ,40. L., 0ᵐ,24.

PRUD'HON

99. — Étude d'une tête, d'un bras, de deux pieds, d'une main, et du torse d'une femme couchée.

Dessin sur papier bleu au crayon noir rehaussé.

H., 0^m,40. L., 0^m,25.

100. — Académie d'homme.

Il est assis; il tend la main droite; la main gauche tient un bâton; la jambe gauche est pliée.

Dessin sur papier bleu au crayon noir rehaussé de blanc.

Cette académie est intéressante; on se rend compte, en la voyant, du système employé par Prud'hon, le jour de la première séance donnée par le modèle.

H., 0^m,60. L., 0^m,44.

101. — Académie de jeune homme.

Il est debout; il a le bras gauche posé sur sa tête, et il tient un bâton de la main droite.

Dessin sur papier bleu au crayon noir et à l'estompe rehaussés de blanc.

H., 0^m,42. L.. 0^m,24.

102. — Académie de vieillard.

Il est debout; il tend la main droite, et il tient un bâton de la main gauche.

Dessin sur papier bleu au crayon noir et à l'estompe rehaussés de blanc.

H., 0^m,45. L., 0^m,26.

PRUD'HON

103. — Académie de femme.

Elle est assise; la main droite, qui n'est qu'esquissée, est appuyée sur un tabouret à modèle; la main gauche est posée sur la poitrine ; la jambe droite est pliée.

Dessin sur papier bleu au crayon noir et à l'estompe rehaussés.

H., 0ᵐ,57. L., 0ᵐ,40.

104. — Académie d'homme.

Il est debout; il a les deux bras levés dans la pose d'un homme qui tire la corde d'une cloche; la jambe gauche est en avant.

Dessin sur papier bleu au crayon noir et à l'estompe rehaussés de blanc.

H., 0ᵐ,60. L., 0ᵐ,42.

105. — Le Génie des arts debout et ailé est devant un chevalet qui supporte une toile.

Derrière, une borne avec un cadran sur lequel on lit le nom du fondeur Thomire.

Plâtre.

Cette pendule était dans la chambre de Prud'hon à la Sorbonne; elle a sans doute été modelée par Ramey.

VIGÉE (Louis)

père de Mᵐᵉ Lebrun-Vigée.

106. — Portrait d'homme.

Il est vu de trois quarts en buste, regardant à droite.

Cheveux poudrés, cravate blanche, jabot, habit gris.
Signé et daté : L. Vigée, 1747.

Pastel. — H., 0^m,60. L., 0^m,51.

ÉCOLE FRANÇAISE

107. — Portrait de femme.

Vue en buste de trois quarts, elle regarde à droite; elle
porte un col blanc à petits plis et une robe en soie violette à
deux collets.
Miniature.

Ovale. — H., 0^m,06. L., 0^m,05.

108. — Portrait de femme.

Elle est vue de trois quarts regardant à gauche : elle est
coiffée à la Titus; le cou et les épaules sont nus.
Miniature.

Ovale. — H., 0^m,07. L., 0^m,06.

109. — Dessins et calques d'après l'antique.

Soixante feuilles.

110. — Recueil de calques de figures et d'ornements.

Un volume grand in-folio, relié en basane.
120 feuilles.

111. — Recueil de dessins et de calques.

Cent seize feuilles, provenant de la vente de M. Gérard,
sculpteur, 18 décembre 1844.

ÉCOLE FRANÇAISE

112. — Recueil de calques.

> Un volume grand in-folio, demi-reliure, 68 feuilles.

RAYMOND (Pierre)

113. — Le Printemps.

> Un homme fauche ; un autre aiguise sa faux ; à gauche, une femme ; plus loin, des baigneurs et une charrette chargée de foin.

114. — L'Eté.

> Une femme tond des brebis qui lui sont apportées par deux hommes.

115. — L'Automne.

> A droite, des femmes cueillent le raisin, qu'un homme apporte dans une hotte et vide dans une cuve. Ce raisin est foulé, le vin est tiré et mis dans des tonneaux.

116. — L'Hiver.

> Un vieillard se chauffe ; une femme file. Un homme apporte un fagot ; à droite, un jeune homme coupe du bois avec une hache.
>
> Signé : P. R.

> Ovales. — Ces émaux ont 0^m,19 de larg. sur 0^m,16 de haut.

117. — Deux Chenets florentins.

> Un guerrier nu, debout, en pied, tient un bouclier sur lequel est une tête de Méduse; il foule aux pieds une tête d'homme. Une femme drapée, les bras nus, a un de ses pieds posé sur une tête d'homme.
>
> H., 0^m,70.

118. — Autographe de Chardin.

> Année 1751.

> « Le tableau qui m'a été demandé par M. Coypel, et que j'ai fait, porte 18 pouces de haut sur 15 de large : il représente une dame variant ses amusements.

> « Chardin. »

> Réglé à 1,500 francs.

> « Je soussigné, premier peintre du Roi, certifie à M. de Tournehern, directeur et ordonnateur général des Bâtiments, que le tableau mentionné dans ce mémoire, a été fait et fort approuvé, à Paris, ce 18 novembre 1751.

> « Signé : Coypel. »

HOUDON

119. — Portrait de Voltaire.

> Buste en marbre blanc.

120. — Sous ce numéro, il sera vendu un très-grand nombre
    d'Estampes anciennes et modernes, Lithographies
    et Livres sur les beaux-arts.

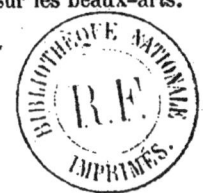

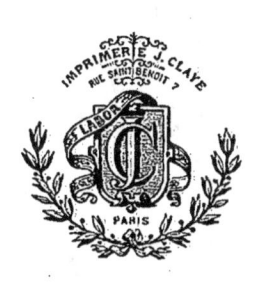

IMPRIMERIE J. CLAYE

RUE SAINT BENOIT 7

PARIS

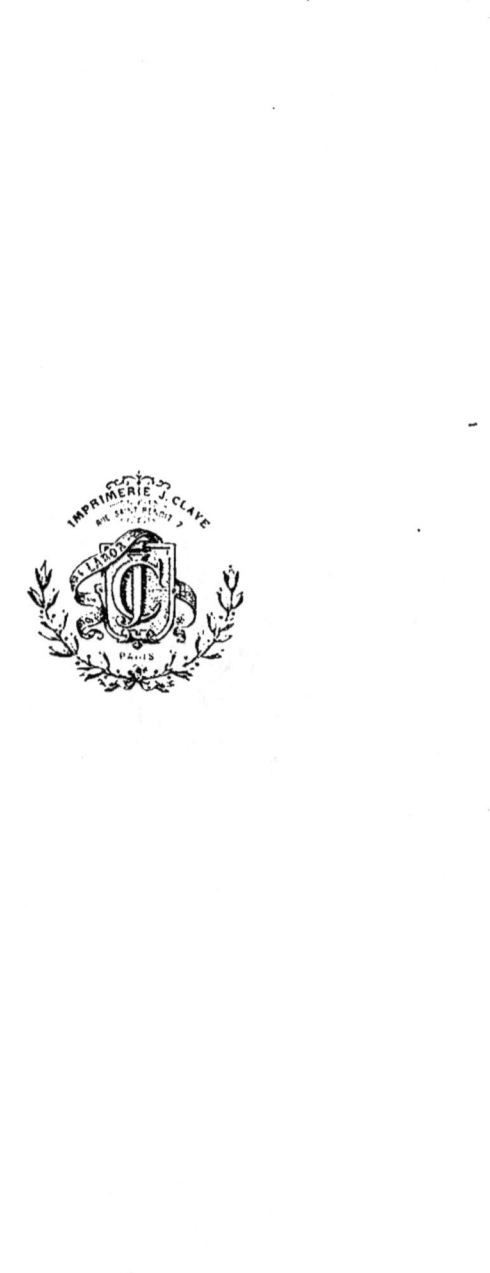

IMPRIMERIE J. CLAYE

RUE SAINT-BENOÎT, 7

ST LABOR

PARIS

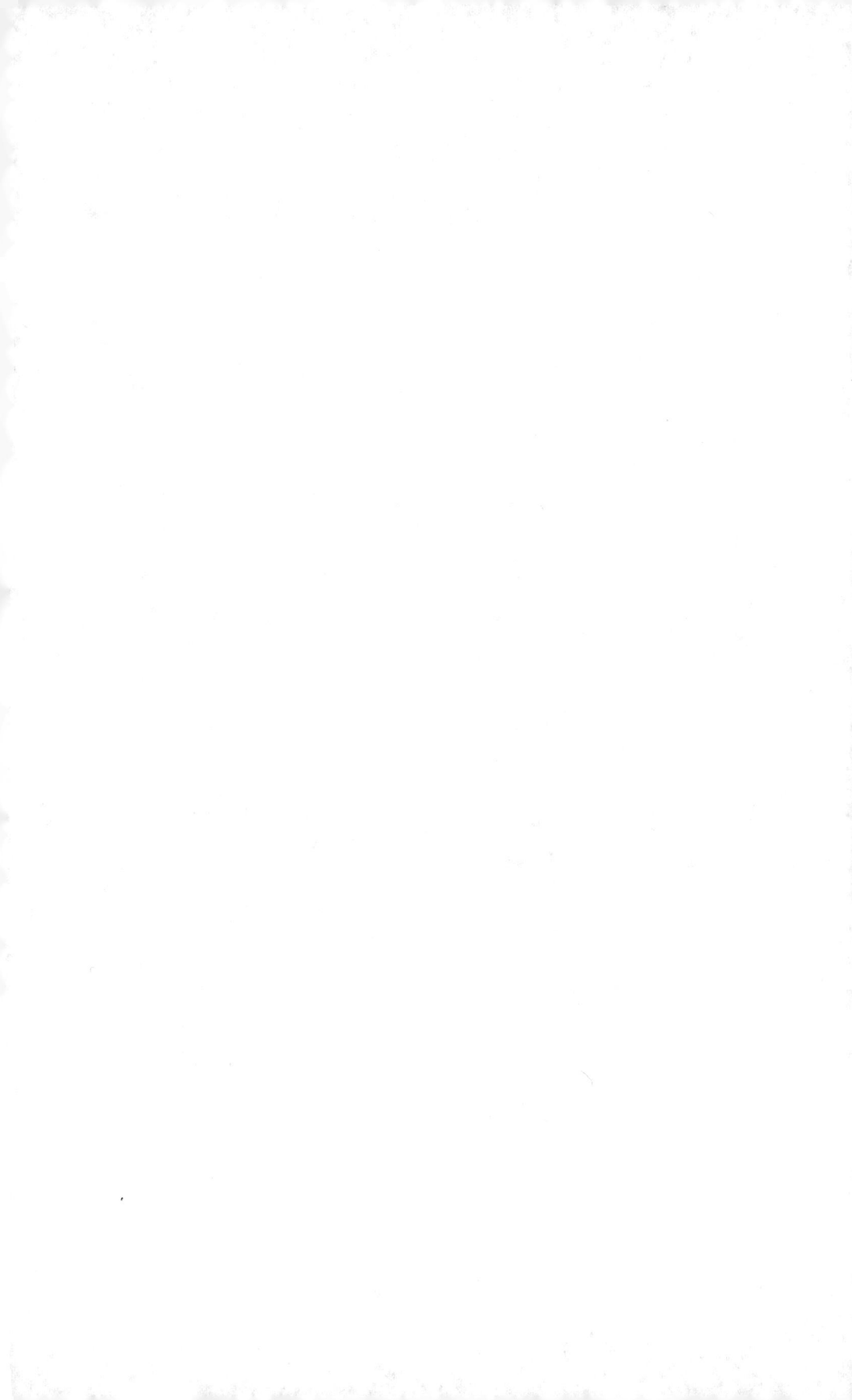

www.ingramcontent.com/pod-product-compliance
Lightning Source LLC
Chambersburg PA
CBHW071602220526
45469CB00003B/1090